甘肃经济普查年鉴

Gansu Economic Census Yearbook

2018

第二产业卷|上

甘肃省第四次全国经济普查领导小组办公室　编著

图书在版编目（CIP）数据

甘肃经济普查年鉴. 2018. 第二产业卷. 上 / 甘肃省第四次全国经济普查领导小组办公室编著. -- 北京 : 中国统计出版社, 2020.12
ISBN 978-7-5037-9369-1

Ⅰ. ①甘… Ⅱ. ①甘… Ⅲ. ①经济－普查－甘肃省－2018－年鉴②第二产业－经济－普查－甘肃－2018－年鉴 Ⅳ. ①F127.42-54②F427.42-54

中国版本图书馆 CIP 数据核字(2020)第 217729 号

甘肃经济普查年鉴—2018/第二产业卷（上）

作　　者/甘肃省第四次全国经济普查领导小组办公室
责任编辑/冯燕玲
封面设计/黄俊杰　李雪燕
出版发行/中国统计出版社
通信地址/北京市丰台区西三环南路甲 6 号　邮政编码/100073
电　　话/邮购（010）63376909　书店（010）68783171
网　　址/http://www.zgtjcbs.com/
印　　刷/河北鑫兆源印刷有限公司
经　　销/新华书店
开　　本/880mm×1230mm　1/16
字　　数/360 千字
印　　张/11.75
版　　别/2020 年 12 月第 1 版
版　　次/2020 年 12 月第 1 次印刷
定　　价/780.00 元（全四册附光盘）

本书附同版本 CD-ROM 一张，光盘内容以书面文字为准。
如有印装差错，由本社发行部调换。

《第二产业卷（上）》编辑委员会

编者说明

为便于社会各界共同分享甘肃省第四次全国经济普查成果，更方便地开发利用普查资料，现将经济普查资料编辑整理，汇编成《甘肃经济普查年鉴—2018》一书。全书共三卷四册，即综合卷、第二产业卷和第三产业卷，并随书配送同版本光盘一张。《综合卷》分三篇：第一篇为“综合篇”，第二篇为“企业篇”，第三篇为“文化及相关产业篇”。《第二产业卷》按内容分为上、下两册。上册两篇：第一篇为“工业企业生产经营及财务状况篇”，第二篇为“主要工业产品产量篇”。下册两篇：第一篇为“规模以上工业企业科技情况篇”，第二篇为“建筑业企业生产经营及账务状况篇”。《第三产业卷》分六篇：第一篇为“批发和零售业企业基本情况及财务状况篇”，第二篇为“住宿和餐饮业企业基本情况及财务状况篇”，第三篇为“房地产开发经营业生产经营及财务状况篇”，第四篇为“服务业企业财务状况篇”，第五篇为“服务业行政事业及非企业法人单位篇”，第六篇为“企业信息化和电子商务交易情况篇”。为使读者能够更好地使用本资料，现对有关问题做如下说明：

一、第四次全国经济普查的标准时点为 2018 年 12 月 31 日，时期资料为 2018 年度；

二、综合卷中综合篇和企业篇汇总表，均不包含少量无分组标识的单位数据，其中单位数包含兼营二、三产业的农、林、牧、渔业法人单位，从业人员数不包含兼营二、三产业的农、林、牧、渔业法人单位，不包含人民银行、银保监会、证监会监管的金融业以及铁路运输部门单位数据；

三、本资料建筑业按法人单位注册地，其他行业按法人单位经营地进行汇总；

四、本资料对部分数据由于计量单位取舍不同或四舍五入而产生的误差数均未作机械调整；

五、表中空格表示该项统计指标数值为零、不足最小单位、数据不详或无该项数据，“#”表示其中的主要项；

六、为了更准确地使用本年鉴，每卷后附有该卷详细的指标解释。

我们希望此书的面世，能使社会各界对甘肃省第四次全国经济普查有一个全面的了解，更愿本书的内容，能为社会经济研究工作者提供有价值的参考。

甘肃省第四次全国经济普查资料是全省普查工作者共同辛勤工作的成果，也是广大普查对象积极支持配合的结果。在此，我们向全省所有普查工作者、普查对象和所有参与和支持普查工作的人员致以崇高的敬意和衷心的感谢！

甘肃省第四次全国经济普查领导小组办公室

2020 年 7 月

第二产业卷（上） 目录

第一篇 工业企业生产经营及财务状况篇

A. 行业部分

B. 地区部分

第二篇 主要工业产品产量篇

附 录

第1篇

工业企业生产经营及财务状况篇

A.行业部分

1-A-1 全部工业企业主要经济指标

行 业	企业单位数（个）	资产总计（亿元）	负债合计（亿元）	营业收入（亿元）	从业人员（万人）
总 计	**18046**	**14589.4**	**9308.5**	**9226.2**	**68.5**
煤炭开采和洗选业	91	601.8	354.1	190.1	5.5
石油和天然气开采业	7	759.6	366.0	270.0	1.8
黑色金属矿采选业	112	99.0	78.0	25.1	0.4
有色金属矿采选业	123	214.4	175.1	36.5	0.7
非金属矿采选业	752	71.6	45.0	25.2	0.9
开采专业及辅助性活动	97	44.9	26.7	17.9	0.5
其他采矿业	45	5.4	2.1	0.5	0.0
农副食品加工业	1996	438.3	211.1	220.0	3.3
食品制造业	700	150.6	71.8	75.1	1.6
酒、饮料和精制茶制造业	589	199.3	94.2	90.6	1.6
烟草制品业	3	173.9	67.0	151.9	0.3
纺织业	157	39.8	20.2	11.6	0.5
纺织服装、服饰业	228	13.7	7.2	5.0	0.5
皮革、毛皮、羽毛及其制品和制鞋业	137	59.1	29.6	6.8	0.3
木材加工和木、竹、藤、棕、草制品业	306	10.3	4.4	4.2	0.2
家具制造业	275	9.6	5.0	2.9	0.2
造纸和纸制品业	185	25.3	14.8	13.1	0.3
印刷和记录媒介复制业	708	29.0	17.6	13.4	0.6
文教、工美、体育和娱乐用品制造业	467	17.3	6.7	5.2	0.4
石油、煤炭及其他燃料加工业	88	524.6	258.0	966.0	3.1
化学原料和化学制品制造业	765	455.3	267.8	270.7	3.3
医药制造业	666	331.5	171.4	125.6	1.8
化学纤维制造业	6	20.8	8.0	0.8	0.0
橡胶和塑料制品业	658	143.4	83.7	63.5	1.2
非金属矿物制品业	3393	980.7	531.6	500.3	8.2
黑色金属冶炼和压延加工业	162	1302.4	994.2	1182.0	3.4
有色金属冶炼和压延加工业	171	2459.8	1623.0	3348.0	7.3
金属制品业	1463	167.3	93.9	104.6	1.5
通用设备制造业	447	193.6	141.6	60.2	1.6
专用设备制造业	463	355.5	251.6	90.9	2.0
汽车制造业	52	45.5	31.8	10.3	0.2
铁路、船舶、航空航天和其他运输设备制造业	41	38.8	20.4	13.9	0.2
电气机械和器材制造业	366	236.3	149.7	102.8	1.6
计算机、通信和其他电子设备制造业	97	226.9	108.2	105.6	1.4
仪器仪表制造业	60	31.5	12.6	2.7	0.1
其他制造业	77	181.4	153.3	44.7	0.5
废弃资源综合利用业	170	48.0	28.7	20.2	0.3
金属制品、机械和设备修理业	321	60.4	37.7	18.9	0.6
电力、热力生产和供应业	1239	3532.7	2592.1	953.2	9.3
燃气生产和供应业	109	87.2	60.6	54.7	0.5
水的生产和供应业	254	202.8	92.1	21.7	1.2

注：1.工业统计调查单位为工业企业单位数，包括机构类型为企业的法人单位，以及执行企业会计制度的事业法人单位、民办非企业法人单位和基金会，农民专业合作社，农村集体经济组织和除宗教活动场所以外的机构类型为其他组织机构的法人单位。

2.“全部工业企业”指规模以上工业企业和规模以下工业企业的总和。“规模以上工业企业”指年主营业务收入在2000万元及以上的工业企业。“规模以下工业企业”指年主营业务收入在2000万元以下的工业企业。

3.表中的合计数和部分计算数据因小数取舍而产生的误差，均未作机械调整。以下相关表均同。

1-A-2　全部大型工业企业主要经济指标

行　业	企业单位数（个）	资产总计（亿元）	负债合计（亿元）	营业收入（亿元）	从业人员（万人）
总　计	**53**	**6777.9**	**4240.8**	**6435.7**	**28.4**
煤炭开采和洗选业	3	314.8	148.8	150.2	4.3
石油和天然气开采业	1	744.1	362.1	267.3	1.7
黑色金属矿采选业	1	12.3	8.5	5.5	0.1
有色金属矿采选业					
非金属矿采选业					
开采专业及辅助性活动					
其他采矿业					
农副食品加工业					
食品制造业	1	6.2	2.4	14.2	0.3
酒、饮料和精制茶制造业	2	32.0	8.3	24.2	0.3
烟草制品业	1	173.6	66.9	151.0	0.2
纺织业					
纺织服装、服饰业					
皮革、毛皮、羽毛及其制品和制鞋业					
木材加工和木、竹、藤、棕、草制品业					
家具制造业					
造纸和纸制品业					
印刷和记录媒介复制业					
文教、工美、体育和娱乐用品制造业					
石油、煤炭及其他燃料加工业	4	420.7	207.4	906.2	2.7
化学原料和化学制品制造业	4	98.8	44.9	65.8	0.8
医药制造业	2	70.0	18.9	27.2	0.3
化学纤维制造业					
橡胶和塑料制品业					
非金属矿物制品业	3	171.9	51.5	108.8	0.5
黑色金属冶炼和压延加工业	5	1230.8	945.7	1117.1	2.8
有色金属冶炼和压延加工业	9	2053.2	1343.1	2816.9	5.9
金属制品业					
通用设备制造业	2	37.9	26.0	10.6	0.3
专用设备制造业	3	206.6	172.6	46.1	0.8
汽车制造业					
铁路、船舶、航空航天和其他运输设备制造业	1	16.4	9.5	5.7	0.1
电气机械和器材制造业	1	25.4	15.6	9.7	0.2
计算机、通信和其他电子设备制造业	1	182.2	78.3	85.5	1.0
仪器仪表制造业					
其他制造业	1	176.9	151.4	42.4	0.4
废弃资源综合利用业					
金属制品、机械和设备修理业	1	33.4	25.3	8.7	0.2
电力、热力生产和供应业	5	713.4	522.0	541.7	5.2
燃气生产和供应业	1	37.2	29.6	26.7	0.2
水的生产和供应业	1	20.2	2.2	4.6	0.2

1-A-3 全部中型工业企业主要经济指标

行业	企业单位数(个)	资产总计(亿元)	负债合计(亿元)	营业收入(亿元)	从业人员(万人)
总计	**204**	**1704.6**	**1195.6**	**1018.9**	**11.0**
煤炭开采和洗选业	11	39.2	26.5	18.2	0.7
石油和天然气开采业	1	13.2	3.5	2.6	0.1
黑色金属矿采选业	2	34.3	26.9	11.8	0.1
有色金属矿采选业	4	59.5	47.7	11.1	0.2
非金属矿采选业	2	5.8	5.8	2.2	0.1
开采专业及辅助性活动	2	9.2	7.6	6.2	0.1
其他采矿业					
农副食品加工业	10	68.5	31.8	35.6	0.5
食品制造业	3	21.6	8.2	17.1	0.1
酒、饮料和精制茶制造业	9	41.3	25.4	31.7	0.5
烟草制品业					
纺织业	3	27.6	11.7	7.2	0.2
纺织服装、服饰业	3	2.6	0.9	1.2	0.1
皮革、毛皮、羽毛及其制品和制鞋业	2	16.1	6.7	0.8	0.1
木材加工和木、竹、藤、棕、草制品业					
家具制造业					
造纸和纸制品业	1	2.2	1.0	1.6	0.0
印刷和记录媒介复制业	3	3.3	4.4	1.8	0.1
文教、工美、体育和娱乐用品制造业					
石油、煤炭及其他燃料加工业	5	47.7	31.0	47.7	0.2
化学原料和化学制品制造业	18	139.1	83.6	102.3	1.1
医药制造业	11	67.1	31.2	38.7	0.4
化学纤维制造业					
橡胶和塑料制品业	2	23.9	18.9	13.8	0.1
非金属矿物制品业	25	172.1	96.2	105.5	1.2
黑色金属冶炼和压延加工业	4	19.3	17.0	20.1	0.2
有色金属冶炼和压延加工业	14	202.8	156.3	287.2	0.9
金属制品业	3	34.0	14.0	8.8	0.1
通用设备制造业	13	80.5	68.1	23.7	0.6
专用设备制造业	8	39.5	19.4	12.5	0.4
汽车制造业	1	17.5	15.7	4.8	0.0
铁路、船舶、航空航天和其他运输设备制造业					
电气机械和器材制造业	8	89.7	58.5	51.4	0.6
计算机、通信和其他电子设备制造业	3	26.7	19.9	13.8	0.2
仪器仪表制造业					
其他制造业					
废弃资源综合利用业	1	6.9	4.9	4.5	0.1
金属制品、机械和设备修理业	2	11.4	5.1	4.2	0.2
电力、热力生产和供应业	27	377.7	345.2	127.9	1.5
燃气生产和供应业	1	1.6	1.4	2.0	0.1
水的生产和供应业	2	2.8	1.5	1.0	0.1

1-A-4 全部小微型工业企业主要经济指标

行 业	企业单位数（个）	资产总计（亿元）	负债合计（亿元）	营业收入（亿元）	从业人员（万人）
总 计	**17789**	**6106.9**	**3872.1**	**1771.7**	**29.1**
煤炭开采和洗选业	77	247.7	178.9	21.8	0.4
石油和天然气开采业	5	2.3	0.4	0.0	0.0
黑色金属矿采选业	109	52.4	42.6	7.8	0.1
有色金属矿采选业	119	154.9	127.3	25.5	0.5
非金属矿采选业	750	65.7	39.2	23.0	0.8
开采专业及辅助性活动	95	35.6	19.2	11.7	0.3
其他采矿业	45	5.4	2.1	0.4	0.0
农副食品加工业	1986	369.8	179.3	184.4	2.8
食品制造业	696	122.8	61.3	43.8	1.2
酒、饮料和精制茶制造业	578	125.9	60.6	34.8	0.9
烟草制品业	2	0.3	0.1	0.9	0.0
纺织业	154	12.3	8.5	4.4	0.2
纺织服装、服饰业	225	11.1	6.3	3.9	0.4
皮革、毛皮、羽毛及其制品和制鞋业	135	43.0	22.9	5.9	0.2
木材加工和木、竹、藤、棕、草制品业	306	10.3	4.4	4.2	0.2
家具制造业	275	9.6	5.0	2.9	0.2
造纸和纸制品业	184	23.1	13.9	11.5	0.3
印刷和记录媒介复制业	705	25.7	13.1	11.6	0.5
文教、工美、体育和娱乐用品制造业	467	17.3	6.7	5.1	0.4
石油、煤炭及其他燃料加工业	79	56.2	19.7	12.2	0.2
化学原料和化学制品制造业	743	217.4	139.3	102.6	1.5
医药制造业	653	194.5	121.3	59.7	1.2
化学纤维制造业	6	20.8	8.0	0.8	0.0
橡胶和塑料制品业	656	119.6	64.8	49.8	1.0
非金属矿物制品业	3365	636.6	383.9	286.0	6.5
黑色金属冶炼和压延加工业	153	52.4	31.5	44.9	0.4
有色金属冶炼和压延加工业	148	203.8	123.6	243.9	0.5
金属制品业	1460	133.3	80.0	95.8	1.4
通用设备制造业	432	75.2	47.6	25.9	0.7
专用设备制造业	452	109.5	59.7	32.3	0.8
汽车制造业	51	28.1	16.1	5.5	0.1
铁路、船舶、航空航天和其他运输设备制造业	40	22.4	10.8	8.2	0.1
电气机械和器材制造业	357	121.2	75.7	41.7	0.8
计算机、通信和其他电子设备制造业	93	18.0	9.9	6.4	0.2
仪器仪表制造业	60	31.5	12.6	2.7	0.1
其他制造业	76	4.5	1.9	2.3	0.1
废弃资源综合利用业	169	41.1	23.7	15.7	0.2
金属制品、机械和设备修理业	318	15.6	7.4	6.1	0.2
电力、热力生产和供应业	1207	2441.6	1724.9	283.6	2.7
燃气生产和供应业	107	48.5	29.6	25.9	0.2
水的生产和供应业	251	179.9	88.4	16.1	0.9

1-A-5 分登记注册类型规模以上

分组	企业单位数(个)	资产总计	固定资产净额	固定资产原价	累计折旧	流动资产合计	应收账款
总计	**1778**	**12308.71**	**4781.40**	**8407.97**	**3387.28**	**4549.14**	**874.52**
一、按登记注册类型分组:							
内资企业	1735	11900.33	4572.91	8074.43	3265.30	4395.81	844.05
国有企业	45	1519.90	620.36	1240.84	615.75	138.81	26.13
中央企业	12	1421.44	587.74	1180.68	590.00	89.40	17.58
地方企业	33	98.47	32.62	60.16	25.75	49.41	8.56
集体企业	12	25.49	8.84	21.17	12.34	13.27	3.92
股份合作企业							
联营企业							
国有联营企业							
集体联营企业							
国有与集体联营企业							
其他联营企业							
有限责任公司	911	6385.20	2634.96	4434.69	1670.98	2414.24	504.75
国有独资公司	100	1560.23	568.67	1049.31	452.03	650.43	123.57
其他有限责任公司	811	4824.97	2066.29	3385.38	1218.95	1763.81	381.17
股份有限公司	117	3026.20	1021.50	1952.36	849.71	1332.89	168.80
私营企业	650	943.54	287.25	425.36	116.52	496.60	140.46
私营独资企业	7	5.44	1.99	2.32	0.33	2.80	0.53
私营合伙企业							
私营有限责任公司	606	869.06	259.99	387.17	106.77	462.81	133.13
私营股份有限公司	37	69.04	25.27	35.87	9.42	30.99	6.80
其他企业							
港、澳、台商投资企业	13	183.99	73.05	99.87	26.65	80.92	6.37
合资经营企业(港或澳、台资)	11	161.82	56.19	79.60	23.24	76.85	3.48
合作经营企业(港或澳、台资)							
港澳台商独资经营企业	2	22.17	16.85	20.27	3.41	4.07	2.88
港澳台商投资股份有限公司							
其他港澳台商投资企业							
外商投资企业	30	224.40	135.45	233.67	95.33	72.41	24.10
中外合资经营企业	25	202.51	126.47	217.48	88.48	62.50	22.66
中外合作经营企业	1	3.75	1.32	3.02	1.44	1.78	0.27
外资企业	3	14.39	4.77	9.84	4.96	7.35	0.53
外商投资股份有限公司							
其他外商投资企业	1	3.75	2.90	3.33	0.44	0.78	0.65
二、在总计中：亏损企业	566	3679.34	1556.56	2927.53	1265.72	1375.45	268.83
在总计中：国有控股企业	434	9117.52	3732.60	6868.38	2943.75	3039.08	501.77
在总计中：大型企业	53	6777.86	2414.21	4699.80	2193.63	2433.42	273.60
中型企业	183	1642.33	594.43	1107.40	454.53	666.77	134.14
小型企业	1542	3888.52	1772.76	2600.76	739.12	1448.96	466.79

注：本表统计范围为规模以上工业企业(以下各表均同)。

工业企业主要经济指标

单位：亿元

存货	产成品	负债合计	流动负债合计	应付账款	所有者权益合计	实收资本	国家资本	集体资本
1251.03	**386.32**	**8021.61**	**5220.57**	**1166.75**	**4287.10**	**2380.66**	**1403.10**	**104.03**
1234.07	381.87	7788.79	5088.67	1146.87	4111.54	2252.70	1335.50	103.21
30.80	16.47	875.11	355.84	154.07	644.80	146.73	143.22	3.10
17.87	6.23	815.71	314.78	136.32	605.73	121.50	121.36	
12.93	10.24	59.40	41.06	17.75	39.07	25.23	21.86	3.10
2.64	1.10	16.34	14.72	4.84	9.14	2.42		2.33
631.86	178.80	4513.21	3051.51	615.10	1871.99	1198.04	723.05	30.90
131.88	30.16	981.78	664.57	152.44	578.45	281.95	223.71	1.85
499.98	148.64	3531.43	2386.94	462.66	1293.53	916.09	499.34	29.06
466.18	133.49	1785.31	1224.28	273.85	1240.89	671.78	463.15	57.98
102.59	52.01	598.82	442.32	99.01	344.72	233.73	6.09	8.89
0.39	0.27	3.75	2.63	0.23	1.69	1.09		
94.45	47.40	556.64	411.62	94.10	312.42	212.69	5.96	6.21
7.75	4.33	38.42	28.08	4.69	30.61	19.96	0.13	2.69
2.43	0.40	114.88	75.03	5.72	69.10	37.62	14.25	0.20
2.18	0.36	99.00	70.54	4.29	62.82	32.08	8.75	0.20
0.25	0.04	15.89	4.49	1.43	6.28	5.54	5.50	
14.53	4.06	117.94	56.88	14.16	106.46	90.34	53.35	0.61
11.25	3.50	106.13	46.98	11.04	96.37	80.66	53.27	0.61
0.74	0.07	1.53	1.50	0.86	2.22	0.93	0.09	
2.54	0.49	8.01	7.80	2.25	6.38	7.63		
		2.26	0.59	0.02	1.49	1.12		
308.28	97.64	2764.33	1840.37	372.34	915.01	794.09	417.24	25.15
926.39	257.19	6036.86	3819.36	848.14	3080.66	1660.88	1345.69	14.17
817.81	210.72	4240.76	2986.23	642.58	2537.10	1089.36	854.54	57.57
181.33	67.96	1141.16	797.86	201.44	501.17	314.36	140.25	7.71
251.89	107.64	2639.69	1436.48	322.72	1248.83	976.94	408.31	38.75

1-A-5 续表

分组					营业收入	营业成本	销售费用
	法人资本	个人资本	港澳台资本	外商资本			
总计	**633.14**	**206.04**	**15.49**	**18.77**	**8773.32**	**7486.39**	**143.19**
一、按登记注册类型分组:							
内资企业	606.00	205.99	0.43	1.46	8501.69	7243.65	135.41
国有企业	0.41				949.64	813.53	1.89
中央企业	0.14				786.43	653.66	0.44
地方企业	0.27				163.21	159.87	1.45
集体企业		0.09			22.73	18.84	0.46
股份合作企业							
联营企业							
国有联营企业							
集体联营企业							
国有与集体联营企业							
其他联营企业							
有限责任公司	354.55	88.11		1.43	3266.12	2677.96	81.68
国有独资公司	41.17	15.02		0.20	651.39	456.96	13.44
其他有限责任公司	313.38	73.09		1.23	2614.74	2221.00	68.24
股份有限公司	117.48	32.70	0.43	0.03	3721.72	3266.76	34.48
私营企业	133.57	85.09			541.48	466.55	16.90
私营独资企业	0.12	0.97			2.67	2.32	0.02
私营合伙企业							
私营有限责任公司	127.92	72.50			509.73	440.40	16.10
私营股份有限公司	5.53	11.61			29.08	23.83	0.78
其他企业							
港、澳、台商投资企业	7.65	0.05	13.88	1.58	170.75	162.67	0.38
合资经营企业(港或澳、台资)	7.61	0.05	13.88	1.58	167.69	161.03	0.38
合作经营企业(港或澳、台资)							
港澳台商独资经营企业	0.04				3.06	1.65	
港澳台商投资股份有限公司							
其他港澳台商投资企业							
外商投资企业	19.49		1.17	15.72	100.87	80.07	7.41
中外合资经营企业	14.29		0.05	12.45	72.86	59.13	4.07
中外合作经营企业				0.84	9.36	7.86	0.60
外资企业	5.20			2.43	18.07	12.78	2.73
外商投资股份有限公司							
其他外商投资企业			1.12		0.59	0.30	
二、在总计中：亏损企业	245.50	80.02	11.90	14.28	1902.62	1819.76	23.44
在总计中：国有控股企业	253.08	35.83	5.07	7.02	7132.32	6144.16	87.03
在总计中：大型企业	145.72	27.43	3.91	0.20	6435.72	5504.97	73.32
中型企业	123.71	28.30	2.40	11.99	987.00	860.96	30.68
小型企业	363.71	150.31	9.18	6.58	1350.60	1120.46	39.19

单位：亿元

管理费用	财务费用			投资收益（损失以"–"号记）	营业利润	利润总额	亏损企业亏损额	平均用工人数（万人）
		利息收入	利息支出					
258.06	**217.98**	**9.01**	**215.28**	**19.38**	**287.38**	**291.83**	**149.88**	**50.86**
251.53	210.80	8.90	207.64	19.49	281.39	285.89	145.38	49.80
13.96	22.00	0.85	22.31	0.23	74.59	74.90	7.04	6.57
10.59	20.93	0.84	21.22	0.11	76.63	76.18	4.90	5.73
3.37	1.07	0.01	1.09	0.12	-2.04	-1.28	2.15	0.84
2.06	0.37	0.01	0.38		0.74	0.88	0.05	0.47
125.56	126.69	3.99	127.15	12.59	97.70	106.47	74.87	25.01
40.14	21.20	2.48	20.64	3.44	61.56	59.71	30.07	8.36
85.43	105.49	1.50	106.51	9.15	36.14	46.75	44.80	16.65
87.27	45.77	3.12	42.82	6.57	93.09	83.25	52.80	11.48
22.69	15.98	0.93	14.98	0.10	15.26	20.39	10.62	6.26
0.14	0.18		0.18		-0.02	-0.02	0.09	0.06
21.10	14.70	0.91	13.71	0.14	13.62	18.39	9.81	5.82
1.44	1.10	0.02	1.09	-0.04	1.66	2.03	0.72	0.38
2.61	3.91	0.03	4.00	-0.10	0.80	0.91	1.30	0.30
2.59	3.24	0.03	3.34	-0.09	0.08	0.19	1.26	0.29
0.01	0.66		0.66	-0.01	0.72	0.72	0.04	0.01
3.93	3.28	0.08	3.63	-0.01	5.20	5.02	3.19	0.75
2.21	3.08	0.04	3.46	-0.01	3.88	3.61	2.79	0.53
0.29	-0.02	0.02	0.04		0.61	0.61		0.04
1.42	0.11	0.02	0.03		0.53	0.62	0.40	0.18
0.02	0.10		0.10		0.17	0.18		
52.88	79.64	0.18	76.41	1.99	-153.23	-149.88	149.88	16.51
179.04	167.79	7.88	164.83	16.15	186.96	183.85	116.67	34.62
156.77	109.97	6.69	108.91	12.18	236.85	225.24	66.43	28.82
43.12	29.10	1.40	30.11	6.12	7.43	17.38	41.30	9.85
58.18	78.92	0.92	76.26	1.08	43.10	49.20	42.14	12.19

1-A-6 规模以上工业企业主要

行业	企业单位数（个）	资产总计	固定资产净额	固定资产原价	累计折旧	流动资产合计
总计	**1778**	**12308.71**	**4781.40**	**8407.97**	**3387.28**	**4549.14**
采矿业	**119**	**1531.51**	**304.35**	**619.69**	**278.93**	**305.32**
煤炭开采和洗选业	40	514.23	171.15	362.19	184.28	172.61
烟煤和无烟煤开采洗选	40	514.23	171.15	362.19	184.28	172.61
黑色金属矿采选业	14	75.27	15.29	57.50	20.92	29.81
铁矿采选	13	71.63	13.99	55.45	20.17	28.46
有色金属矿采选业	28	140.28	53.72	72.82	15.76	41.60
常用有色金属矿采选	16	83.48	39.66	52.87	9.88	27.13
铜矿采选	6	8.08	1.69	4.69	2.14	4.74
铅锌矿采选	10	75.40	37.97	48.18	7.74	22.39
贵金属矿采选	11	51.99	11.79	15.71	3.91	13.69
金矿采选	11	51.99	11.79	15.71	3.91	13.69
非金属矿采选业	22	26.08	10.98	14.68	3.70	12.39
土砂石开采	14	18.56	8.56	11.45	2.88	8.65
石灰石、石膏开采	5	8.10	5.50	7.61	2.11	2.12
耐火土石开采	4	4.27	1.56	1.99	0.43	2.52
粘土及其他土砂石开采	3	5.02	1.03	1.25	0.22	3.35
采盐	3	3.45	1.30	1.65	0.35	1.15
石棉及其他非金属矿采选	3	2.07	0.96	1.22	0.25	0.83
其他未列明非金属矿采选	3	2.07	0.96	1.22	0.25	0.83
开采专业及辅助性活动	13	18.36	4.79	7.01	1.47	12.57
石油和天然气开采专业及辅助性活动	13	18.36	4.79	7.01	1.47	12.57
制造业	**1326**	**7656.90**	**2421.94**	**4321.13**	**1778.99**	**3588.26**
农副食品加工业	235	274.90	74.48	110.66	31.93	147.56
谷物磨制	33	24.79	4.34	7.00	2.59	16.00
小麦加工	25	21.23	3.15	5.61	2.42	13.87
杂粮加工	5	2.44	1.10	1.26	0.12	1.20
饲料加工	44	25.51	7.32	11.95	4.14	14.22
其他饲料加工	43	25.07	6.97	11.56	4.10	14.17
植物油加工	7	2.21	0.46	0.78	0.22	1.46
食用植物油加工	7	2.21	0.46	0.78	0.22	1.46
制糖业	4	4.81	0.87	1.85	0.89	3.27
屠宰及肉类加工	30	47.31	10.73	14.35	3.36	27.78
牲畜屠宰	20	33.38	8.15	11.13	2.81	19.86
肉制品及副产品加工	9	13.65	2.48	3.09	0.53	7.75
蔬菜、菌类、水果和坚果加工	33	60.36	21.93	28.70	6.15	24.12
蔬菜加工	23	14.23	3.03	4.99	1.62	8.67
食用菌加工	5	44.27	18.26	22.82	4.44	14.46
水果和坚果加工	5	1.87	0.64	0.89	0.09	0.99

经济指标(大、中、小类行业)

单位：亿元

应收账款	存货		负债合计	流动负债合计		所有者权益合计	实收资本		
		产成品			应付账款			国家资本	集体资本
874.52	**1251.03**	**386.32**	**8021.61**	**5220.57**	**1166.75**	**4287.10**	**2380.66**	**1403.10**	**104.03**
39.25	**33.02**	**19.44**	**825.84**	**461.73**	**103.07**	**705.68**	**154.68**	**58.73**	**1.12**
14.68	17.47	11.79	267.39	212.00	31.71	246.83	111.60	51.50	0.84
14.68	17.47	11.79	267.39	212.00	31.71	246.83	111.60	51.50	0.84
4.50	4.21	1.71	64.99	60.02	8.69	10.28	3.70	1.02	0.05
4.41	3.31	0.81	63.10	58.13	8.10	8.54	3.34	1.02	0.05
7.87	4.91	2.83	97.82	78.72	5.25	42.47	29.39	4.19	
5.50	2.48	1.42	59.05	42.21	2.42	24.43	15.58	0.53	
0.42	0.61	0.15	4.13	4.03	0.10	3.95	2.07	0.45	
5.08	1.87	1.28	54.92	38.18	2.32	20.48	13.51	0.08	
2.37	2.05	1.11	35.87	33.61	1.88	16.12	13.82	3.66	
2.37	2.05	1.11	35.87	33.61	1.88	16.12	13.82	3.66	
4.10	2.35	1.40	17.38	16.40	3.78	8.69	7.28	1.81	0.24
3.60	1.03	0.76	11.89	11.49	2.71	6.67	4.75	1.81	0.24
0.73	0.26	0.16	5.46	5.30	1.00	2.63	1.79		
1.02	0.43	0.28	2.54	2.51	1.24	1.73	1.01		0.24
1.64	0.07	0.06	2.94	2.74	0.36	2.08	1.86	1.81	
	0.81	0.27	3.40	2.85	0.56	0.05	0.93		
0.26	0.35	0.28	1.15	1.12	0.79	0.92	0.80		
0.26	0.35	0.28	1.15	1.12	0.79	0.92	0.80		
2.71	0.11	0.07	12.65	9.55	0.72	5.71	2.70	0.20	
2.71	0.11	0.07	12.65	9.55	0.72	5.71	2.70	0.20	
608.37	**1198.88**	**364.27**	**4853.52**	**3784.57**	**831.58**	**2803.38**	**1468.54**	**843.31**	**92.48**
27.24	49.31	28.18	139.91	110.92	20.41	134.99	76.69	5.25	3.95
1.57	7.32	1.46	13.96	11.26	0.91	10.83	3.74	0.27	
1.20	6.46	1.07	11.81	9.20	0.45	9.42	2.83	0.27	
0.29	0.66	0.20	1.20	1.11	0.39	1.24	0.64		
3.00	4.70	1.95	13.57	11.17	3.57	11.94	9.33	0.16	0.98
3.00	4.66	1.91	13.39	10.99	3.56	11.68	9.06	0.16	0.98
0.22	0.27	0.17	0.76	0.68	0.25	1.45	0.52		
0.22	0.27	0.17	0.76	0.68	0.25	1.45	0.52		
0.16	1.53	1.59	3.19	3.19	2.01	1.62	1.14		
8.32	5.52	4.45	24.04	20.72	2.91	23.27	14.13		0.69
7.41	3.93	3.63	14.04	12.55	1.82	19.33	9.28		0.69
0.89	1.52	0.81	9.82	7.99	1.07	3.83	4.74		
2.65	4.65	2.25	25.71	12.94	4.10	34.66	9.29	0.18	0.52
1.95	2.80	2.02	9.12	7.91	1.77	5.11	4.46	0.18	0.44
0.56	1.32	0.11	15.58	4.06	1.81	28.68	4.37		0.08
0.14	0.52	0.12	1.00	0.96	0.53	0.87	0.46		

1-A-6 续表 1

行业	企业单位数(个)	资产总计	固定资产净额	固定资产原价	累计折旧	流动资产合计
其他农副食品加工	84	109.90	28.84	46.02	14.58	60.71
淀粉及淀粉制品制造	23	40.64	12.46	16.39	3.91	18.38
其他未列明农副食品加工	59	68.52	16.15	29.38	10.64	41.90
食品制造业	58	95.62	26.30	40.69	12.90	47.35
焙烤食品制造	4	8.74	3.51	6.65	3.14	4.05
饼干及其他焙烤食品制造	3	8.30	3.37	6.19	2.82	3.82
糖果、巧克力及蜜饯制造	4	1.89	0.57	0.69	0.09	1.07
蜜饯制作	4	1.89	0.57	0.69	0.09	1.07
方便食品制造	7	10.29	2.75	3.48	0.55	6.06
米、面制品制造	4	2.59	1.14	1.32	0.18	1.17
乳制品制造	23	54.58	13.58	20.12	5.25	25.53
液体乳制造	13	34.16	9.32	13.78	4.18	15.74
乳粉制造	5	13.85	2.04	3.74	0.71	7.16
其他乳制品制造	5	6.58	2.23	2.59	0.36	2.62
罐头食品制造	6	7.22	1.65	4.16	2.51	3.34
蔬菜、水果罐头制造	5	7.08	1.63	4.10	2.47	3.22
调味品、发酵制品制造	8	5.75	2.17	2.62	0.44	3.16
酱油、食醋及类似制品制造	3	0.71	0.27	0.39	0.12	0.27
其他调味品、发酵制品制造	5	5.05	1.90	2.22	0.32	2.88
其他食品制造	6	7.15	2.06	2.98	0.92	4.15
食品及饲料添加剂制造	3	4.02	1.25	1.72	0.46	2.56
酒、饮料和精制茶制造业	48	135.09	43.44	68.96	25.12	69.62
酒的制造	26	89.27	28.95	45.60	16.60	45.08
白酒制造	9	49.30	17.62	24.53	6.88	21.60
啤酒制造	12	28.80	8.19	15.40	7.18	16.00
葡萄酒制造	4	9.83	2.68	5.20	2.52	6.70
饮料制造	22	45.82	14.48	23.36	8.52	24.54
瓶(罐)装饮用水制造	4	4.33	2.27	4.86	2.59	1.90
果菜汁及果菜汁饮料制造	14	31.95	8.59	11.92	3.00	19.28
含乳饮料和植物蛋白饮料制造	3	5.89	1.95	3.51	1.53	1.57
纺织业	9	31.42	6.68	9.28	2.58	9.03
毛纺织及染整精加工	6	24.85	4.43	7.03	2.58	6.69
毛织造加工	3	21.74	4.04	6.03	1.97	4.95
纺织服装、服饰业	7	3.05	0.75	1.39	0.64	2.07
机织服装制造	7	3.05	0.75	1.39	0.64	2.07
其他机织服装制造	6	2.30	0.65	1.06	0.41	1.41
皮革、毛皮、羽毛及其制品和制鞋业	7	52.85	3.04	4.22	0.74	47.08
制鞋业	4	2.23	1.24	1.37	0.13	0.84
纺织面料鞋制造	3	2.08	1.22	1.34	0.11	0.75

单位：亿元

应收账款	存货	产成品	负债合计	流动负债合计	应付账款	所有者权益合计	实收资本	国家资本	集体资本
11.32	25.33	16.30	58.69	50.96	6.65	51.21	38.53	4.64	1.77
2.52	6.39	4.61	22.82	17.22	1.69	17.82	7.39	0.69	
8.78	18.67	11.56	35.55	33.42	4.94	32.97	30.91	3.95	1.77
10.09	12.00	5.07	50.82	39.86	8.01	44.80	20.62	1.24	2.30
0.82	1.64	0.13	4.64	4.59	0.65	4.10	2.27		
0.77	1.59	0.13	4.43	4.38	0.50	3.87	2.15		
0.46	0.17	0.04	0.73	0.62	0.19	1.16	0.33		
0.46	0.17	0.04	0.73	0.62	0.19	1.16	0.33		
1.93	1.23	0.98	4.30	2.73	1.15	5.99	1.52		0.18
0.32	0.33	0.27	1.23	0.89	0.77	1.36	0.32		
3.44	5.25	1.98	30.02	22.12	2.68	24.56	10.80	0.30	1.69
1.91	2.49	0.29	14.96	13.18	2.54	19.20	7.26	0.30	1.00
0.38	1.76	1.03	10.01	4.69	-0.56	3.84	1.26		
1.16	1.00	0.66	5.06	4.25	0.70	1.52	2.27		0.69
0.46	1.69	1.23	4.34	3.58	0.72	2.88	2.72	0.14	0.35
0.46	1.59	1.13	4.31	3.57	0.72	2.77	2.64	0.14	0.29
1.89	0.90	0.38	3.40	3.35	1.96	2.35	1.89	0.80	
0.11	0.12	0.05	0.23	0.20	0.04	0.47	0.24		
1.78	0.78	0.33	3.17	3.15	1.93	1.88	1.65	0.80	
1.08	1.13	0.34	3.39	2.88	0.67	3.76	1.09		0.08
0.74	0.68	0.23	2.10	2.03	0.52	1.92	0.54		0.08
13.35	31.01	11.00	67.59	56.99	10.06	67.49	31.10	4.27	2.13
3.98	22.08	6.24	41.86	34.77	7.50	47.40	21.77	2.09	1.97
1.72	12.27	2.72	19.57	15.43	3.82	29.73	10.12	0.34	1.77
1.53	6.57	1.43	13.86	10.97	2.04	14.93	9.40		0.20
0.64	2.89	1.89	7.39	7.34	1.63	2.44	2.04	1.75	
9.38	8.93	4.76	25.73	22.21	2.57	20.09	9.34	2.18	0.16
1.15	0.30	0.08	1.75	1.74	0.12	2.58	1.95		
7.60	7.36	3.88	17.27	15.86	1.43	14.67	5.78	1.33	0.16
0.48	0.34	0.11	3.65	1.57	0.30	2.24	1.18	0.58	
1.17	2.41	1.03	15.04	14.08	2.61	16.38	5.22	2.66	0.24
1.11	2.01	0.92	9.05	8.49	2.24	15.80	4.18	2.66	0.24
0.94	1.78	0.75	7.49	6.93	2.17	14.26	3.85	2.66	0.07
0.33	0.34	0.15	1.27	1.22	0.41	1.78	0.73	0.29	0.02
0.33	0.34	0.15	1.27	1.22	0.41	1.78	0.73	0.29	0.02
0.28	0.30	0.14	1.07	1.05	0.38	1.23	0.59	0.15	0.02
11.36	21.07	0.50	26.54	23.05	4.84	26.31	4.54	1.50	
0.29	0.36	0.20	0.72	0.70	0.17	1.51	0.09		
0.24	0.33	0.19	0.63	0.61	0.17	1.45	0.06		

1-A-6 续表 2

行业	企业单位数（个）	资产总计	固定资产净额	固定资产原价	累计折旧	流动资产合计
造纸和纸制品业	14	14.64	5.87	7.07	1.20	6.37
纸制品制造	12	10.23	5.20	6.19	0.99	3.89
纸和纸板容器制造	10	9.15	5.03	5.93	0.90	3.04
印刷和记录媒介复制业	14	11.39	3.12	7.66	4.40	6.26
印刷	13	11.06	2.86	7.39	4.40	6.21
书、报刊印刷	6	6.09	1.94	5.51	3.57	3.51
包装装潢及其他印刷	7	4.97	0.92	1.88	0.82	2.70
文教、工美、体育和娱乐用品制造业	5	2.65	0.55	0.71	0.15	1.82
工艺美术及礼仪用品制造	4	2.33	0.46	0.61	0.14	1.64
雕塑工艺品制造	3	1.18	0.25	0.26	0.01	0.80
石油、煤炭及其他燃料加工业	19	478.51	237.10	691.93	377.76	185.49
精炼石油产品制造	10	327.22	127.74	516.80	313.86	151.00
原油加工及石油制品制造	9	326.92	127.68	516.62	313.73	150.76
煤炭加工	6	46.95	27.95	31.00	1.50	15.47
炼焦	4	40.66	27.67	28.88	1.21	9.84
化学原料和化学制品制造业	118	354.26	113.69	211.86	91.51	148.27
基础化学原料制造	41	148.64	32.08	71.51	36.06	61.35
无机盐制造	21	95.12	17.43	30.02	11.86	34.47
有机化学原料制造	5	26.15	4.26	20.45	15.25	15.80
其他基础化学原料制造	11	21.63	7.86	15.82	6.27	8.66
肥料制造	31	61.33	36.60	53.93	16.76	20.02
磷肥制造	3	1.11	0.10	0.56	0.06	0.63
复混肥料制造	17	26.26	12.13	16.96	4.66	12.43
有机肥料及微生物肥料制造	9	3.43	0.83	1.00	0.17	2.32
农药制造	7	11.88	4.32	4.95	0.63	6.80
化学农药制造	7	11.88	4.32	4.95	0.63	6.80
涂料、油墨、颜料及类似产品制造	8	27.10	10.02	17.28	6.56	14.01
涂料制造	3	17.85	5.60	7.12	1.51	10.01
工业颜料制造	3	8.55	4.24	9.98	5.04	3.55
合成材料制造	3	10.02	1.88	5.08	2.74	3.24
专用化学产品制造	21	32.87	9.84	18.65	8.80	19.14
化学试剂和助剂制造	10	15.44	6.23	13.72	7.49	8.09
专项化学用品制造	3	3.52	0.46	0.58	0.11	1.77
林产化学产品制造	3	2.91	0.73	1.42	0.68	2.11
其他专用化学产品制造	4	7.37	0.49	0.84	0.35	6.11
炸药、火工及焰火产品制造	3	54.43	15.52	36.15	19.09	21.46
炸药及火工产品制造	3	54.43	15.52	36.15	19.09	21.46
日用化学产品制造	4	8.00	3.43	4.31	0.86	2.24

单位：亿元

应收账款	存货	产成品	负债合计	流动负债合计	应付账款	所有者权益合计	实收资本	国家资本	集体资本
0.87	2.38	1.33	8.72	5.88	0.99	5.92	3.60		0.30
0.62	1.90	1.27	5.71	4.88	0.70	4.52	2.40		0.30
0.52	1.60	1.01	4.85	4.29	0.62	4.30	2.15		0.20
0.98	1.41	0.25	9.70	9.12	1.73	1.69	2.58	0.33	0.10
0.97	1.39	0.25	9.65	9.12	1.73	1.41	2.31	0.33	0.10
0.61	0.96	0.15	6.38	6.09	1.26	-0.29	1.23	0.33	0.10
0.36	0.43	0.10	3.27	3.03	0.47	1.70	1.08		
0.09	1.11	0.72	0.72	0.67	0.09	1.93	1.29		
0.09	1.10	0.72	0.67	0.62	0.10	1.67	1.09		
0.08	0.42	0.24	0.27	0.27	0.09	0.91	0.32		
4.15	70.03	24.45	245.97	154.42	35.54	232.54	116.31	102.15	0.05
1.33	52.93	15.62	143.65	112.73	28.75	183.57	73.59	73.20	0.05
1.31	52.90	15.59	143.51	112.59	28.67	183.41	73.54	73.20	0.03
2.43	6.15	4.57	36.55	29.84	4.99	10.41	13.38		
1.37	3.64	3.42	31.13	26.34	4.86	9.53	12.10		
28.99	36.01	16.60	209.83	166.04	38.68	144.43	101.19	54.32	9.05
8.00	13.70	6.07	85.14	73.34	13.94	63.51	54.42	33.81	4.41
6.27	10.84	5.04	51.90	44.86	8.28	43.22	39.37	27.10	4.31
0.49	1.00	0.45	12.17	10.36	2.11	13.98	5.93	5.20	
1.02	1.75	0.55	17.90	16.01	2.71	3.73	7.31		0.10
3.52	8.60	3.52	47.06	31.23	10.23	14.27	17.62	13.10	
0.08	0.31	0.27	0.51	0.51	0.37	0.60	0.13		
1.50	6.43	2.65	20.27	15.00	5.80	5.98	6.91	4.35	
0.73	0.64	0.41	1.58	1.43	0.70	1.85	1.62		
0.76	1.65	0.82	8.76	7.30	1.13	3.12	2.54		
0.76	1.65	0.82	8.76	7.30	1.13	3.12	2.54		
2.63	2.21	0.85	16.67	14.18	3.21	10.42	11.81	0.56	
1.01	1.13	0.59	11.80	9.61	2.45	6.04	9.56	0.56	
1.51	0.92	0.18	4.57	4.28	0.74	3.98	2.10		
0.42	0.64	0.19	6.21	4.45	1.20	3.81	1.99		1.86
3.09	4.80	3.39	20.70	19.38	4.11	12.17	6.76	1.17	2.79
1.79	2.05	1.35	8.13	7.26	2.18	7.31	4.12	0.96	2.44
0.02	0.88	0.84	1.99	1.99	0.71	1.54	1.45		
0.38	0.35	0.23	1.06	0.95	0.67	1.85	0.67		0.35
0.78	0.75	0.20	5.81	5.67	0.44	1.56	0.60	0.21	
9.89	3.24	1.41	21.28	14.31	4.80	33.15	5.84	5.68	
9.89	3.24	1.41	21.28	14.31	4.80	33.15	5.84	5.68	
0.69	1.18	0.34	4.00	1.85	0.06	3.99	0.23	0.01	

1-A-6 续表 3

行业	企业单位数(个)	资产总计	固定资产净额	固定资产原价	累计折旧	流动资产合计
医药制造业	99	264.52	51.95	77.55	25.24	165.62
化学药品原料药制造	6	15.97	2.65	5.25	2.61	11.12
中药饮片加工	56	59.83	9.36	12.11	2.49	38.17
中成药生产	21	108.00	23.99	31.38	7.27	65.24
兽用药品制造	3	3.04	1.63	2.13	0.50	0.72
生物药品制品制造	13	77.68	14.31	26.68	12.36	50.36
生物药品制造	12	77.04	14.25	26.59	12.34	49.94
橡胶和塑料制品业	72	93.67	30.74	38.84	7.17	48.28
橡胶制品业	4	2.90	0.67	1.20	0.53	2.06
塑料制品业	68	90.77	30.07	37.65	6.64	46.22
塑料薄膜制造	19	10.66	2.25	3.06	0.59	7.21
塑料板、管、型材制造	34	65.57	22.39	26.83	4.08	32.38
塑料丝、绳及编织品制造	4	4.18	2.61	3.58	0.97	1.45
塑料包装箱及容器制造	4	2.11	0.69	1.74	0.74	1.33
塑料零件及其他塑料制品制造	3	1.89	0.27	0.40	0.12	1.20
非金属矿物制品业	293	688.21	202.89	338.96	128.69	372.56
水泥、石灰和石膏制造	49	258.54	121.74	207.92	81.20	91.24
水泥制造	44	243.25	117.34	198.83	76.51	82.21
石灰和石膏制造	5	15.29	4.40	9.09	4.69	9.03
石膏、水泥制品及类似制品制造	157	162.30	28.38	55.02	24.32	116.88
水泥制品制造	136	142.33	22.57	47.16	22.28	107.05
砼结构构件制造	11	6.45	1.14	2.29	1.15	4.71
轻质建筑材料制造	8	8.88	4.04	4.64	0.58	2.54
砖瓦、石材等建筑材料制造	35	24.83	9.83	12.89	3.03	10.46
粘土砖瓦及建筑砌块制造	18	10.50	4.83	6.45	1.62	4.53
建筑用石加工	5	6.98	2.98	4.01	1.03	3.01
防水建筑材料制造	5	2.06	0.57	0.67	0.07	0.91
隔热和隔音材料制造	6	4.58	1.12	1.35	0.21	1.68
玻璃制造	7	34.24	5.45	6.48	1.03	21.22
其他玻璃制造	3	4.73	1.47	1.92	0.44	2.01
陶瓷制品制造	6	9.79	4.83	5.59	0.75	1.53
建筑陶瓷制品制造	6	9.79	4.83	5.59	0.75	1.53
石墨及其他非金属矿物制品制造	34	190.05	28.91	46.50	17.55	127.65
石墨及碳素制品制造	20	178.90	27.46	44.48	17.00	119.28
其他非金属矿物制品制造	14	11.16	1.45	2.02	0.55	8.37
黑色金属冶炼和压延加工业	37	1274.33	514.15	941.02	421.23	379.58
钢压延加工	13	1225.59	499.86	909.30	404.25	348.79
铁合金冶炼	23	42.19	10.73	25.39	14.21	28.99

单位：亿元

应收账款	存货	产成品	负债合计	流动负债合计	应付账款	所有者权益合计	实收资本	国家资本	集体资本
28.37	39.36	14.81	124.91	92.51	21.06	139.61	55.50	22.99	2.17
2.17	3.28	1.81	5.55	5.39	2.06	10.42	3.33	0.40	0.35
8.91	13.95	4.53	33.23	26.46	7.15	26.60	10.41	0.40	0.21
9.65	13.67	4.66	65.56	45.83	9.08	42.44	19.18	3.41	1.45
0.20	0.40	0.29	2.42	1.25	0.35	0.63	0.98		
7.44	8.06	3.52	18.15	13.59	2.42	59.52	21.60	18.78	0.16
7.31	7.95	3.50	17.74	13.18	2.38	59.29	21.39	18.78	0.16
14.01	10.40	6.46	57.35	54.98	14.86	36.33	26.73	6.06	2.11
1.00	0.54	0.39	2.30	2.11	1.11	0.61	0.48		0.12
13.01	9.86	6.07	55.05	52.87	13.75	35.72	26.25	6.06	1.98
2.07	1.18	0.61	6.13	6.01	1.16	4.54	2.90		
8.63	7.61	5.07	37.24	35.90	7.66	28.33	19.90	6.06	1.72
0.70	0.41	0.15	1.97	1.74	0.86	2.21	1.18		0.26
0.20	0.08	0.07	1.82	1.82	0.60	0.28	0.34		
0.76	0.24	0.13	0.42	0.42	0.19	1.47	0.93		
113.31	61.87	21.35	375.21	318.60	99.08	312.99	146.33	47.79	3.79
21.81	19.74	7.03	144.51	118.05	32.31	114.03	61.93	32.21	1.16
19.38	18.28	6.56	133.31	108.36	30.36	109.94	61.00	32.21	0.78
2.43	1.46	0.47	11.20	9.69	1.96	4.09	0.93		0.38
75.91	9.63	2.39	114.66	108.28	55.49	47.64	33.68	4.62	2.43
71.11	7.86	1.49	102.91	97.93	51.77	39.42	29.87	3.22	2.43
3.18	0.49	0.04	4.51	4.27	2.45	1.94	1.29		
0.16	1.12	0.73	3.65	3.48	1.00	5.22	1.83	0.80	
3.24	3.32	1.58	14.66	13.33	3.02	10.17	8.26	1.00	
1.78	1.11	0.80	5.38	4.90	1.20	5.12	3.95		
0.47	1.65	0.45	4.83	4.38	0.22	2.15	2.37		
0.38	0.30	0.21	0.99	0.99	0.03	1.07	0.40		
0.52	0.26	0.13	2.84	2.83	1.52	1.74	1.46	1.00	
0.83	3.27	1.33	26.97	10.65	0.98	7.28	5.31	4.67	
0.57	0.80	0.09	1.99	1.59	0.36	2.74	0.20		
-0.38	1.13	0.96	8.77	4.38	0.61	1.02	1.49		
-0.38	1.13	0.96	8.77	4.38	0.61	1.02	1.49		
10.48	24.01	7.70	59.60	58.15	4.97	130.45	34.25	5.29	
9.07	21.61	6.55	52.18	50.76	3.88	126.71	31.72	5.29	
1.42	2.39	1.15	7.42	7.39	1.09	3.74	2.53		
17.36	165.87	54.08	982.32	829.80	173.46	292.01	200.39	189.15	3.17
11.25	156.06	48.26	939.97	789.93	161.29	285.62	190.79	186.17	
6.04	8.73	5.68	37.73	35.92	11.03	4.46	8.81	2.34	3.17

1-A-6 续表 4

行业	企业单位数（个）	资产总计	固定资产净额	固定资产原价	累计折旧	流动资产合计
有色金属冶炼和压延加工业	51	2433.53	824.54	1312.71	479.41	1083.85
常用有色金属冶炼	16	2144.68	726.52	1163.26	430.54	942.09
铅锌冶炼	4	77.21	16.32	36.52	15.72	28.63
铝冶炼	7	411.33	231.02	348.97	116.80	121.76
贵金属冶炼	9	77.18	24.26	44.29	18.04	34.53
金冶炼	9	77.18	24.26	44.29	18.04	34.53
有色金属合金制造	7	71.52	16.74	22.76	5.95	45.56
有色金属压延加工	18	107.42	49.90	70.05	19.65	47.14
铜压延加工	5	55.56	26.34	37.72	11.38	26.70
铝压延加工	11	50.90	23.46	32.15	8.19	19.62
金属制品业	68	98.35	16.18	23.46	7.05	59.07
结构性金属制品制造	37	41.81	10.10	12.86	2.66	27.58
金属结构制造	29	36.07	9.32	11.87	2.44	24.05
金属门窗制造	8	5.74	0.78	0.99	0.21	3.53
集装箱及金属包装容器制造	6	32.36	1.72	3.68	1.95	15.63
金属压力容器制造	3	30.57	1.43	2.95	1.52	14.82
金属包装容器及材料制造	3	1.78	0.29	0.72	0.43	0.81
铸造及其他金属制品制造	16	17.50	3.30	5.38	2.06	11.12
有色金属铸造	7	5.45	0.52	0.65	0.11	3.13
其他未列明金属制品制造	5	9.86	1.67	2.86	1.19	7.07
通用设备制造业	30	149.07	19.11	34.82	12.05	100.83
锅炉及原动设备制造	8	19.64	4.00	7.86	3.82	14.70
锅炉及辅助设备制造	3	6.12	1.17	1.52	0.35	4.70
风能原动设备制造	5	13.52	2.83	6.34	3.47	10.00
金属加工机械制造	4	37.40	2.26	4.54	2.17	19.96
物料搬运设备制造	4	39.09	6.40	8.01	1.61	29.25
泵、阀门、压缩机及类似机械制造	8	37.38	4.61	10.39	2.91	25.96
泵及真空设备制造	6	20.29	2.61	7.53	2.05	12.18
专用设备制造业	41	283.34	74.52	96.68	21.50	181.21
采矿、冶金、建筑专用设备制造	13	208.44	60.28	75.08	14.80	131.98
矿山机械制造	3	6.37	0.75	2.86	2.11	4.93
石油钻采专用设备制造	6	183.31	55.44	64.58	9.14	113.75
化工、木材、非金属加工专用设备制造	5	31.29	3.76	6.75	2.40	21.18
炼油、化工生产专用设备制造	4	29.90	3.59	6.55	2.37	20.50
农、林、牧、渔专用机械制造	7	6.24	1.35	2.14	0.79	3.98
机械化农业及园艺机具制造	4	5.27	1.24	1.87	0.63	3.23
医疗仪器设备及器械制造	4	11.91	3.57	4.96	1.38	6.78
环保、邮政、社会公共服务及其他专用设备制造	9	22.34	4.44	5.88	1.44	15.79

单位：亿元

应收账款	存货	产成品	负债合计	流动负债合计	应付账款	所有者权益合计	实收资本	国家资本	集体资本
116.92	401.39	134.38	1610.39	1166.53	169.29	823.14	433.17	303.18	3.03
91.19	353.96	108.35	1427.00	1004.07	142.98	717.68	376.71	272.47	0.03
14.86	4.70	0.98	24.49	21.14	3.26	52.72	27.30		
3.54	56.18	15.01	306.28	224.41	28.82	105.05	28.71	21.89	0.03
3.59	11.79	0.17	56.17	52.83	6.45	21.01	9.43	2.36	3.00
3.59	11.79	0.17	56.17	52.83	6.45	21.01	9.43	2.36	3.00
6.69	7.71	6.31	55.72	52.46	4.01	15.80	13.80	11.27	
13.58	18.84	14.25	66.12	52.85	14.22	41.30	28.27	17.08	
8.46	10.60	9.55	31.77	30.85	11.77	23.79	11.91	11.41	
5.00	7.73	4.22	33.54	21.19	2.45	17.36	16.16	5.67	
19.55	12.57	3.58	60.91	53.77	12.40	37.44	19.21	3.94	1.10
9.17	7.11	0.90	32.42	29.34	8.35	9.39	8.35	1.38	0.95
8.21	6.23	0.84	28.44	25.76	7.54	7.63	7.13	1.38	0.95
0.96	0.88	0.06	3.98	3.58	0.81	1.76	1.22		
5.83	1.84	1.01	13.09	11.88	2.20	19.27	4.76	2.24	
5.63	1.65	0.96	12.23	11.09	1.89	18.34	4.05	2.24	
0.20	0.18	0.05	0.86	0.78	0.31	0.93	0.72		
3.89	2.54	1.24	12.07	9.28	1.40	5.43	2.76	0.32	0.10
1.93	0.24	0.14	4.13	1.54	0.34	1.32	0.93		
1.86	1.64	0.53	5.79	5.59	0.79	4.07	1.55	0.22	0.10
20.16	32.28	6.15	113.08	84.00	33.10	35.99	14.90	4.89	0.99
6.30	2.72	1.09	11.08	11.08	3.74	8.56	4.49	1.00	0.50
0.85	0.79	0.42	3.44	3.44	1.09	2.68	1.79		
5.46	1.93	0.68	7.64	7.64	2.65	5.88	2.70	1.00	0.50
2.81	7.41	0.74	26.85	15.40	4.71	10.55	1.43	0.08	0.49
2.57	5.99	1.54	36.52	27.36	15.07	2.58	2.13	1.10	
5.38	11.47	1.10	28.38	20.62	5.64	9.00	5.45	2.40	
3.95	2.45	0.72	11.64	11.16	2.21	8.65	4.11	2.40	
60.58	59.89	11.92	214.95	203.18	40.90	68.38	41.10	21.47	0.08
40.13	47.76	8.86	173.64	165.98	31.11	34.80	26.82	18.07	
1.27	2.28	1.20	3.13	3.12	0.75	3.24	1.87	0.08	
33.62	41.25	5.83	159.64	152.20	24.12	23.66	20.04	13.36	
9.64	5.38	0.34	18.41	16.99	3.95	12.89	7.12	1.84	
9.53	4.86	0.33	17.65	16.23	3.22	12.24	6.62	1.84	
1.04	1.82	0.68	2.25	1.80	0.56	4.00	0.86		
0.95	1.69	0.60	1.95	1.55	0.42	3.31	0.69		
2.98	0.52	0.18	1.52	1.43	0.22	10.39	2.94		0.08
6.53	3.77	1.71	17.26	16.11	4.83	5.08	2.52	1.56	

1-A-6 续表 5

行业	企业单位数（个）	资产总计	固定资产净额	固定资产原价	累计折旧	流动资产合计
环境保护专用设备制造	5	10.63	0.67	1.78	1.10	9.13
其他专用设备制造	3	11.48	3.64	3.97	0.33	6.56
汽车制造业	6	28.84	4.24	6.22	1.98	20.24
铁路、船舶、航空航天和其他运输设备制造业	5	34.87	4.71	9.15	4.39	27.15
电气机械和器材制造业	52	177.18	23.87	36.44	12.53	103.50
电机制造	6	72.22	3.45	6.11	2.65	31.05
输配电及控制设备制造	28	60.00	10.87	16.50	5.61	45.06
变压器、整流器和电感器制造	4	5.21	1.23	1.80	0.58	3.23
电容器及其配套设备制造	3	1.48	0.76	0.88	0.11	0.58
配电开关控制设备制造	15	49.15	7.61	12.12	4.49	39.00
电线、电缆、光缆及电工器材制造	7	24.97	4.79	7.89	3.09	16.93
电线、电缆制造	5	22.53	4.01	6.83	2.81	15.62
电池制造	3	7.09	0.65	0.94	0.29	3.93
非电力家用器具制造	3	3.98	1.87	2.27	0.39	1.73
照明器具制造	5	8.91	2.24	2.73	0.49	4.81
照明灯具制造	4	7.68	2.23	2.67	0.44	3.63
计算机、通信和其他电子设备制造业	8	217.06	67.17	108.19	40.63	70.67
电子元件及电子专用材料制造	3	12.42	2.69	3.55	0.67	6.50
仪器仪表制造业	3	27.66	0.74	1.29	0.55	5.09
废弃资源综合利用业	14	30.02	4.03	7.08	2.41	15.76
金属废料和碎屑加工处理	7	24.52	2.97	5.65	2.21	12.47
非金属废料和碎屑加工处理	7	5.50	1.06	1.43	0.20	3.29
金属制品、机械和设备修理业	5	46.81	6.13	11.41	4.62	25.07
电力、热力、燃气及水生产和供应业	**333**	**3120.30**	**2055.11**	**3467.15**	**1329.36**	**655.57**
电力、热力生产和供应业	301	2985.01	1991.16	3355.10	1283.26	609.57
电力生产	258	2317.18	1515.34	2399.94	807.83	528.06
火力发电	13	281.74	163.47	364.76	200.03	66.10
热电联产	10	272.94	107.66	234.39	107.01	117.48
水力发电	70	380.48	314.43	500.44	182.10	40.30
风力发电	68	807.79	579.45	818.94	223.76	150.38
太阳能发电	94	565.85	347.38	475.55	93.95	151.00
热力生产和供应	42	152.64	48.69	78.18	25.60	57.35
燃气生产和供应业	17	62.95	24.34	39.72	15.18	30.16
燃气生产和供应业	17	62.95	24.34	39.72	15.18	30.16
天然气生产和供应业	16	61.38	23.10	36.46	13.16	30.02
水的生产和供应业	15	72.33	39.61	72.33	30.92	15.84
自来水生产和供应	12	64.63	36.73	68.07	29.54	14.82
污水处理及其再生利用	3	7.70	2.89	4.26	1.37	1.02

单位：亿元

应收账款	存货		负债合计	流动负债合计		所有者权益合计	实收资本		
		产成品			应付账款			国家资本	集体资本
4.64	1.91	1.23	7.10	6.19	3.74	3.54	1.99	1.27	
1.86	1.82	0.46	10.09	9.84	1.07	1.39	0.39	0.29	
13.37	1.49	0.36	21.74	18.87	9.30	7.10	6.20	0.70	
14.68	5.76	1.12	18.41	14.05	7.39	16.46	7.95	3.29	
45.08	22.36	9.01	111.03	75.13	28.07	66.14	35.13	8.78	3.50
11.56	4.94	1.99	54.17	26.90	8.64	18.05	5.45	1.50	0.15
22.40	12.79	4.51	34.59	31.34	13.68	25.41	13.49	6.20	0.23
1.34	1.42	0.88	3.10	3.09	0.68	2.12	2.54	0.10	
	0.17	0.04	0.63	0.62	0.03	0.85	0.91		0.20
20.13	10.29	3.04	28.49	25.37	11.77	20.66	8.87	6.10	0.02
7.06	2.48	1.86	15.14	10.77	2.28	9.83	6.01	1.01	0.03
6.45	2.05	1.44	13.45	9.31	1.53	9.08	5.68	1.01	
1.01	0.29	0.17	0.32	0.32	0.15	6.77	5.72		0.09
0.57	0.91	0.35	2.80	1.89	0.97	1.19	0.70		
2.49	0.97	0.13	4.02	3.91	2.35	4.90	3.76	0.07	3.00
2.13	0.62	0.13	3.52	3.42	2.20	4.16	3.63		3.00
18.64	20.71	4.57	102.73	75.31	24.26	114.34	60.82	5.44	53.37
1.21	1.70	0.72	8.77	7.58	1.62	3.65	2.65	2.00	
1.11	0.32	0.01	10.34	7.42	0.31	17.32	0.18		
5.83	1.68	1.38	20.77	14.88	3.71	9.25	2.83		1.02
5.14	0.88	0.63	17.64	11.87	3.59	6.88	1.69		0.41
0.69	0.80	0.76	3.13	3.01	0.11	2.36	1.14		0.61
8.03	5.65	0.50	31.81	21.65	8.81	15.00	7.65	7.65	
226.90	**19.12**	**2.62**	**2342.25**	**974.26**	**232.11**	**778.05**	**757.44**	**501.06**	**10.42**
223.95	17.96	2.48	2256.69	925.09	224.07	728.32	719.49	470.92	10.42
207.94	13.90	1.34	1788.37	659.72	125.58	528.81	605.79	370.39	8.72
16.08	8.29	0.06	285.56	109.17	37.05	-3.81	54.85	36.04	0.20
24.50	4.16	0.54	234.25	147.70	18.26	38.69	61.86	20.20	0.45
3.03	0.25	0.03	304.47	108.46	8.61	76.01	94.85	55.47	6.33
84.56	1.07	0.06	554.71	138.19	22.79	253.08	256.86	219.67	0.55
79.39	0.07	0.65	404.35	153.08	36.42	161.50	135.71	39.02	1.18
6.30	3.37	1.13	126.19	60.26	20.20	26.45	22.35	9.18	1.70
1.93	1.00	0.14	46.41	37.10	5.06	16.54	11.50	7.82	
1.93	1.00	0.14	46.41	37.10	5.06	16.54	11.50	7.82	
1.91	0.94	0.09	44.98	35.67	3.87	16.40	11.03	7.35	
1.02	0.17		39.15	12.08	2.97	33.18	26.45	22.32	
0.63	0.15		35.88	9.02	2.71	28.75	22.87	18.96	
0.39	0.01		3.27	3.05	0.27	4.43	3.58	3.36	

1-A-6 续表 6

行业	法人资本	个人资本	港澳台资本	外商资本	营业收入	营业成本
总 计	**633.14**	**206.04**	**15.49**	**18.77**	**8773.32**	**7486.39**
采矿业	**59.93**	**32.90**	**2.00**		**536.65**	**341.21**
煤炭开采和洗选业	36.56	22.71			188.35	128.41
烟煤和无烟煤开采洗选	36.56	22.71			188.35	128.41
黑色金属矿采选业	1.77	0.86			23.36	17.57
铁矿采选	1.41	0.86			16.99	12.13
有色金属矿采选业	18.96	4.24	2.00		32.69	18.83
常用有色金属矿采选	10.46	2.59	2.00		19.47	8.95
铜矿采选	0.71	0.91			3.45	2.03
铅锌矿采选	9.76	1.68	2.00		16.01	6.92
贵金属矿采选	8.50	1.65			11.19	8.56
金矿采选	8.50	1.65			11.19	8.56
非金属矿采选业	1.19	4.04			10.49	7.21
土砂石开采	0.10	2.60			8.55	5.97
石灰石、石膏开采	0.05	1.74			3.14	2.59
耐火土石开采		0.77			3.04	2.03
粘土及其他土砂石开采	0.05				1.62	1.03
采盐	0.19	0.75			0.63	0.50
石棉及其他非金属矿采选	0.10	0.70			0.60	0.45
其他未列明非金属矿采选	0.10	0.70			0.60	0.45
开采专业及辅助性活动	1.45	1.05			11.80	10.17
石油和天然气开采专业及辅助性活动	1.45	1.05			11.80	10.17
制造业	**358.66**	**159.90**	**8.46**	**5.63**	**7285.57**	**6302.88**
农副食品加工业	33.02	33.14	0.13	1.19	183.61	161.37
谷物磨制	0.87	2.60			28.36	26.21
小麦加工	0.52	2.04			24.99	23.39
杂粮加工	0.31	0.34			2.66	2.19
饲料加工	4.41	2.90	0.05	0.84	32.01	27.90
其他饲料加工	4.19	2.90		0.84	31.54	27.45
植物油加工		0.52			2.73	2.40
食用植物油加工		0.52			2.73	2.40
制糖业	0.75	0.39			3.27	2.97
屠宰及肉类加工	8.70	4.66	0.08		47.62	44.08
牲畜屠宰	7.06	1.53			41.66	38.53
肉制品及副产品加工	1.63	3.03	0.08		5.87	5.44
蔬菜、菌类、水果和坚果加工	1.64	6.95			17.45	13.53
蔬菜加工	0.82	3.02			5.97	5.13
食用菌加工	0.56	3.73			10.24	7.29
水果和坚果加工	0.26	0.20			1.25	1.11

单位：亿元

销售费用	管理费用	财务费用			投资收益(损失以"-"号记)	营业利润	利润总额	亏损企业亏损额	平均用工人数(万人)
			利息收入	利息支出					
143.19	**258.06**	**217.98**	**9.01**	**215.28**	**19.38**	**287.38**	**291.83**	**149.88**	**50.86**
8.38	**30.26**	**20.30**	**1.22**	**22.13**	**0.27**	**106.44**	**100.50**	**8.64**	**7.73**
5.51	15.30	6.07	0.28	6.55	0.23	24.58	23.07	2.72	5.19
5.51	15.30	6.07	0.28	6.55	0.23	24.58	23.07	2.72	5.19
1.34	1.49	2.35	0.09	2.29		-0.09	-0.04	1.36	0.30
1.31	1.36	2.24	0.09	2.18		-0.71	-0.66	1.36	0.26
0.14	4.73	3.33	0.09	4.05	0.04	4.75	4.83	0.98	0.53
0.10	2.90	2.66	0.09	2.71	0.04	4.36	4.42	0.13	0.34
0.06	0.48	0.01	0.01	0.02		0.78	0.72	0.10	0.07
0.04	2.42	2.65	0.08	2.69	0.04	3.58	3.70	0.03	0.27
0.04	1.47	0.59		1.27		0.30	0.32	0.85	0.16
0.04	1.47	0.59		1.27		0.30	0.32	0.85	0.16
1.03	0.93	0.55	0.01	0.43		0.45	0.45	0.47	0.21
0.83	0.48	0.35	0.01	0.23		0.65	0.59	0.26	0.15
0.16	0.24	0.17		0.17		-0.20	-0.22	0.23	0.08
0.15	0.10	0.05		0.05		0.66	0.63	0.03	0.04
0.15	0.12	0.12	0.01			0.17	0.17		0.03
0.09	0.15	0.12		0.12		-0.25	-0.20	0.20	0.04
0.05	0.06	0.04		0.04		0.01	0.03	0.01	0.02
0.05	0.06	0.04		0.04		0.01	0.03	0.01	0.02
0.06	0.45	0.04	0.01	0.13		0.99	1.11	0.01	0.23
0.06	0.45	0.04	0.01	0.13		0.99	1.11	0.01	0.23
131.71	**212.12**	**119.01**	**8.64**	**114.11**	**18.72**	**180.67**	**178.40**	**103.36**	**35.51**
6.53	7.20	3.37	0.28	3.84	0.39	4.79	6.38	3.18	2.04
0.37	0.60	0.61	0.05	0.60	-0.01	0.50	0.69	0.21	0.17
0.26	0.43	0.48	0.01	0.47		0.39	0.58	0.16	0.14
0.06	0.15	0.10	0.04	0.09		0.13	0.13	0.02	0.02
1.63	1.11	0.35	0.02	0.37		0.93	1.24	0.31	0.26
1.63	1.08	0.35	0.02	0.37		0.96	1.23	0.31	0.23
0.12	0.08	0.06		0.06		0.06	0.09	0.01	0.02
0.12	0.08	0.06		0.06		0.06	0.09	0.01	0.02
0.08	0.14	0.03		0.03		0.02	0.02	0.14	0.06
0.65	1.01	0.78	0.02	0.75		1.06	1.49	0.64	0.32
0.50	0.65	0.49	0.02	0.47		1.46	1.65	0.30	0.21
0.15	0.35	0.28		0.28		-0.37	-0.16	0.34	0.11
1.46	0.97	0.34	0.16	0.82	0.30	1.50	1.56	0.37	0.52
0.22	0.31	0.26		0.21		0.02	0.08	0.33	0.11
1.21	0.62	0.07	0.16	0.60	0.31	1.42	1.40		0.09
0.03	0.03	0.01		0.01	-0.01	0.07	0.07	0.04	0.33

1-A-6 续表 7

行　业					营业收入	营业成本
	法人资本	个人资本	港澳台资本	外商资本		
其他农副食品加工	16.66	15.12		0.35	52.18	44.27
淀粉及淀粉制品制造	1.38	4.97		0.35	15.86	13.53
其他未列明农副食品加工	15.28	9.91			35.89	30.36
食品制造业	12.36	4.32	0.40		63.73	48.82
焙烤食品制造	2.09	0.18			16.29	10.12
饼干及其他焙烤食品制造	2.09	0.06			14.98	9.16
糖果、巧克力及蜜饯制造	0.10	0.23			0.91	0.80
蜜饯制作	0.10	0.23			0.91	0.80
方便食品制造	1.27	0.03	0.05		4.38	3.20
米、面制品制造	0.29	0.03			1.34	1.18
乳制品制造	5.50	2.95	0.35		32.53	26.70
液体乳制造	3.14	2.48	0.35		23.39	18.49
乳粉制造	0.79	0.47			5.53	4.78
其他乳制品制造	1.58				3.61	3.43
罐头食品制造	1.68	0.56			1.95	1.59
蔬菜、水果罐头制造	1.65	0.56			1.86	1.50
调味品、发酵制品制造	0.81	0.28			4.51	3.86
酱油、食醋及类似制品制造	0.09	0.15			1.31	1.15
其他调味品、发酵制品制造	0.72	0.13			3.20	2.71
其他食品制造	0.91	0.10			3.17	2.55
食品及饲料添加剂制造	0.41	0.05			1.55	1.40
酒、饮料和精制茶制造业	15.07	5.93		3.69	85.41	58.07
酒的制造	8.62	5.53		3.55	53.48	34.01
白酒制造	4.43	3.58			28.81	16.14
啤酒制造	3.99	1.67		3.55	22.16	16.29
葡萄酒制造	0.20	0.09			2.11	1.16
饮料制造	6.45	0.40		0.14	31.93	24.06
瓶(罐)装饮用水制造	1.82	0.14			3.33	2.58
果菜汁及果菜汁饮料制造	4.08	0.21			18.00	13.35
含乳饮料和植物蛋白饮料制造	0.55	0.05			2.65	2.43
纺织业	1.01	1.31			9.09	8.10
毛纺织及染整精加工	0.01	1.27			5.49	4.56
毛织造加工		1.11			3.89	3.37
纺织服装、服饰业	0.38	0.04			1.97	0.95
机织服装制造	0.38	0.04			1.97	0.95
其他机织服装制造	0.38	0.04			1.49	0.80
皮革、毛皮、羽毛及其制品和制鞋业	0.72	2.31			6.15	3.63
制鞋业	0.09				0.98	0.81
纺织面料鞋制造	0.06				0.72	0.59

单位：亿元

销售费用	管理费用	财务费用			投资收益(损失以“-”号记)	营业利润	利润总额	亏损企业亏损额	平均用工人数(万人)
			利息收入	利息支出					
2.22	3.29	1.21	0.03	1.21	0.10	0.71	1.29	1.50	0.68
0.54	0.79	0.38		0.34	0.01	0.59	0.82	0.17	0.25
1.68	2.49	0.82	0.03	0.85	0.08	0.11	0.45	1.32	0.42
5.25	2.80	1.49	0.16	1.33		5.20	5.60	1.16	0.89
2.11	0.42		-0.01			3.49	3.63	0.09	0.34
1.91	0.32		-0.01			3.46	3.60	0.09	0.30
0.02	0.03	0.03		0.03		0.03	0.03		0.04
0.02	0.03	0.03		0.03		0.03	0.03		0.04
0.21	0.32	0.09		0.07		0.55	0.63	0.01	0.07
0.04	0.04	0.03		0.03		0.05	0.05	0.01	0.02
2.51	1.59	1.05	0.16	0.91		0.70	0.78	0.96	0.32
1.97	1.01	0.48	0.02	0.50		1.47	1.44	0.16	0.21
0.29	0.37	0.38	0.07	0.31		-0.31	-0.32	0.46	0.06
0.24	0.21	0.19	0.07	0.11		-0.46	-0.34	0.35	0.04
0.13	0.14	0.08		0.08		0.01	0.05	0.10	0.04
0.13	0.14	0.08		0.08		0.01	0.05	0.10	0.04
0.11	0.11	0.13		0.12		0.30	0.30		0.04
0.04	0.04	0.02		0.01		0.06	0.06		0.01
0.07	0.07	0.11		0.11		0.24	0.24		0.03
0.17	0.20	0.12		0.11		0.11	0.16		0.06
0.02	0.08	0.04		0.03		-0.01	0.01		0.03
11.10	4.73	0.75	0.07	1.88	0.30	5.77	6.31	1.21	1.16
5.72	3.73	0.50	0.28	1.46	0.30	4.84	5.22	0.87	0.84
2.51	2.30	0.33	0.07	0.40	0.01	3.87	4.11	0.29	0.45
2.77	1.22	0.08	0.20	0.96	0.30	1.02	1.11	0.48	0.31
0.44	0.19	0.07		0.08		0.02	0.05	0.05	0.06
5.37	1.00	0.25	-0.20	0.42		0.93	1.09	0.34	0.32
0.40	0.14		-0.01	0.01		0.17	0.17		0.04
2.66	0.71	0.21	-0.20	0.36		0.88	1.03	0.16	0.16
0.19	0.08	0.04		0.04		-0.13	-0.11	0.18	0.03
0.26	0.62	0.32	0.01	0.30	0.02	-0.15	0.02	0.22	0.28
0.20	0.52	0.23	-0.01	0.20	0.02	0.05	0.13	0.09	0.19
0.15	0.36	0.22		0.19	0.02	-0.12	-0.05	0.09	0.13
0.03	0.73	-0.01	-0.02	0.01		0.23	0.06	0.04	0.10
0.03	0.73	-0.01	-0.02	0.01		0.23	0.06	0.04	0.10
0.03	0.48	0.01		0.01		0.15	0.04	0.04	0.08
0.13	0.51	0.80		0.04		0.69	0.70	0.30	0.15
0.03	0.08	0.02		0.02		0.04	0.04		0.06
0.02	0.05	0.02		0.02		0.04	0.04		0.05

1-A-6 续表 8

行　业					营业收入	营业成本
	法人资本	个人资本	港澳台资本	外商资本		
造纸和纸制品业	1.01	2.29			9.60	9.09
纸制品制造	1.01	1.09			8.08	7.68
纸和纸板容器制造	0.86	1.09			7.34	7.03
印刷和记录媒介复制业	0.92	1.23			4.56	3.93
印刷	0.65	1.23			4.32	3.70
书、报刊印刷	0.50	0.30			2.89	2.48
包装装潢及其他印刷	0.15	0.93			1.43	1.22
文教、工美、体育和娱乐用品制造业	0.30	1.00			1.43	1.19
工艺美术及礼仪用品制造	0.30	0.80			1.38	1.16
雕塑工艺品制造	0.30	0.02			1.12	0.92
石油、煤炭及其他燃料加工业	10.40	3.68	0.03		962.34	686.40
精炼石油产品制造	0.31		0.03		909.75	644.79
原油加工及石油制品制造	0.31				909.24	644.40
煤炭加工	10.09	3.29			34.23	29.47
炼焦	10.00	2.10			28.75	24.11
化学原料和化学制品制造业	26.93	10.85		0.04	255.76	213.28
基础化学原料制造	11.24	4.96			123.43	110.19
无机盐制造	4.73	3.23			67.27	63.51
有机化学原料制造	0.18	0.55			35.35	30.71
其他基础化学原料制造	6.07	1.14			15.29	12.97
肥料制造	2.99	1.53			38.89	34.46
磷肥制造	0.01	0.12			0.61	0.55
复混肥料制造	2.08	0.49			25.38	22.96
有机肥料及微生物肥料制造	0.70	0.92			1.97	1.52
农药制造	0.91	1.59		0.04	8.16	6.70
化学农药制造	0.91	1.59		0.04	8.16	6.70
涂料、油墨、颜料及类似产品制造	11.10	0.15			15.01	12.52
涂料制造	9.00				5.24	4.56
工业颜料制造	2.00	0.10			8.85	7.12
合成材料制造	0.13				10.72	10.35
专用化学产品制造	0.44	2.36			38.30	33.20
化学试剂和助剂制造	0.26	0.46			22.01	18.09
专项化学用品制造	0.05	1.41			3.86	3.56
林产化学产品制造	0.16	0.16			4.15	3.70
其他专用化学产品制造	0.06	0.34			7.76	7.38
炸药、火工及焰火产品制造		0.16			20.08	5.15
炸药及火工产品制造		0.16			20.08	5.15
日用化学产品制造	0.12	0.10			1.18	0.71

单位：亿元

销售费用	管理费用	财务费用			投资收益（损失以“－”号记）	营业利润	利润总额	亏损企业亏损额	平均用工人数（万人）
			利息收入	利息支出					
0.10	0.27	0.24		0.23		-0.16	-0.24	0.36	0.17
0.10	0.20	0.16		0.16		-0.11	0.08	0.03	0.13
0.08	0.18	0.13		0.12		-0.11	0.08	0.03	0.12
0.11	0.75	0.15		0.15		-0.43	-0.38	0.48	0.24
0.10	0.75	0.14		0.15		-0.44	-0.38	0.48	0.24
0.06	0.66	0.09		0.09		-0.44	-0.40	0.43	0.20
0.05	0.09	0.05		0.06			0.02	0.05	0.04
0.05	0.06	0.04		0.05		0.05	0.06		0.03
0.05	0.05	0.04		0.04		0.05	0.06		0.03
0.05	0.04	0.02		0.02		0.06	0.06		0.01
8.08	37.30	3.65	1.44	4.96	0.05	16.22	8.91	27.26	3.03
4.87	35.16	0.56	1.38	1.96		13.16	6.49	26.81	2.57
4.87	35.13	0.56	1.38	1.96		13.08	6.41	26.81	2.57
3.19	0.45	1.15		1.15		-0.12	-0.12	0.45	0.16
3.09	0.39	1.06		1.06		0.03	0.03	0.30	0.14
8.54	16.00	4.92	0.20	5.10	2.49	11.69	10.82	8.10	2.65
3.67	6.41	1.91	0.02	1.90	2.07	1.30	1.63	4.35	0.87
1.74	2.26	0.97	-0.03	1.03	1.91	-0.30	-0.40	3.72	0.45
1.26	2.91	0.35	0.02	0.37	0.15	-0.28	-0.17	0.40	0.16
0.57	0.89	0.55	0.01	0.46		0.23	0.56	0.09	0.22
1.29	2.10	1.51	0.01	1.53	-0.01	-0.57	-0.37	1.11	0.42
0.01	0.01	0.03		0.03		0.01	0.01		0.01
0.76	1.00	0.47	-0.01	0.47	-0.01	0.13	0.14	0.45	0.23
0.12	0.19	0.02		0.02		0.11	0.11	0.02	0.03
0.19	0.70	0.20		0.19		0.35	0.26	0.25	0.11
0.19	0.70	0.20		0.19		0.35	0.26	0.25	0.11
1.02	1.46	0.32	0.03	0.33	-0.05	-0.40	-0.29	1.33	0.22
0.74	0.97	0.25	0.02	0.25	-0.05	-1.28	-1.17	1.33	0.11
0.28	0.47	0.03	0.01	0.04		0.87	0.87		0.09
0.17	0.31		0.02	0.02		-0.15	-0.14	0.19	0.07
1.40	2.20	0.34	0.09	0.48		0.79	0.98	0.80	0.45
0.88	1.14	0.18	0.01	0.20		1.63	1.65	0.02	0.23
0.08	0.20	0.01		0.01				0.03	0.02
0.08	0.26	-0.01	-0.02	0.01		0.08	0.03		0.12
0.35	0.52	0.01	0.10	0.12		-0.73	-0.51	0.55	0.04
0.65	2.72	0.47	0.03	0.49	0.48	10.31	8.64	0.08	0.46
0.65	2.72	0.47	0.03	0.49	0.48	10.31	8.64	0.08	0.46
0.15	0.10	0.16		0.16		0.05	0.11		0.04

1-A-6 续表 9

行业	法人资本	个人资本	港澳台资本	外商资本	营业收入	营业成本
医药制造业	20.13	10.22			112.41	65.70
化学药品原料药制造	1.21	1.37			9.50	7.65
中药饮片加工	6.75	3.06			36.20	30.35
中成药生产	10.27	4.06			28.68	15.55
兽用药品制造	0.31	0.67			1.80	1.53
生物药品制品制造	1.60	1.06			36.23	10.62
生物药品制造	1.38	1.06			35.69	10.46
橡胶和塑料制品业	8.51	10.06			49.81	43.74
橡胶制品业	0.10	0.25			1.85	1.57
塑料制品业	8.40	9.80			47.96	42.17
塑料薄膜制造	0.86	2.04			9.76	8.92
塑料板、管、型材制造	6.24	5.88			32.49	28.20
塑料丝、绳及编织品制造	0.15	0.77			2.71	2.46
塑料包装箱及容器制造	0.25	0.09			1.10	0.89
塑料零件及其他塑料制品制造	0.90	0.03			1.03	0.89
非金属矿物制品业	71.73	22.98	0.05		403.51	278.23
水泥、石灰和石膏制造	26.29	2.27			134.21	100.08
水泥制造	26.17	1.84			119.58	87.53
石灰和石膏制造	0.12	0.43			14.63	12.55
石膏、水泥制品及类似制品制造	13.91	12.72			99.43	84.73
水泥制品制造	12.68	11.55			88.97	75.87
砼结构构件制造	0.71	0.59			4.17	3.59
轻质建筑材料制造	0.45	0.58			3.89	3.23
砖瓦、石材等建筑材料制造	4.02	3.19	0.05		12.62	10.60
粘土砖瓦及建筑砌块制造	1.63	2.33			4.23	3.26
建筑用石加工	2.25	0.07	0.05		1.46	1.10
防水建筑材料制造	0.05	0.35			2.01	1.79
隔热和隔音材料制造	0.10	0.36			4.87	4.42
玻璃制造	0.33	0.31			5.53	4.82
其他玻璃制造	0.19	0.01			1.70	1.41
陶瓷制品制造	1.10	0.38			1.84	1.54
建筑陶瓷制品制造	1.10	0.38			1.84	1.54
石墨及其他非金属矿物制品制造	25.09	3.87			142.19	69.65
石墨及碳素制品制造	24.38	2.05			133.79	62.88
其他非金属矿物制品制造	0.71	1.83			8.40	6.76
黑色金属冶炼和压延加工业	3.30	4.77			1179.30	1088.67
钢压延加工	0.66	3.95			1104.11	1018.79
铁合金冶炼	2.48	0.81			73.24	68.08

单位：亿元

销售费用	管理费用	财务费用			投资收益（损失以“–”号记）	营业利润	利润总额	亏损企业亏损额	平均用工人数（万人）
			利息收入	利息支出					
13.07	8.71	1.81	0.67	2.36	0.61	22.64	23.16	0.88	1.36
0.19	0.58	0.04	-0.02	0.06		1.00	1.04	0.04	0.11
0.80	1.36	0.60	0.26	0.46	0.02	2.96	3.04	0.17	0.35
6.74	2.71	1.28	0.37	1.56	0.10	1.73	2.08	0.48	0.58
0.05	0.19	0.08		0.08		-0.05	0.02	0.01	0.04
5.30	3.87	-0.19	0.06	0.20	0.49	16.99	16.98	0.18	0.27
5.20	3.54	-0.20	0.06	0.18	0.49	17.06	17.04	0.12	0.26
1.77	2.43	0.84	0.04	0.83	-0.11	1.10	1.15	1.04	0.59
0.09	0.13	0.01		0.01		0.03	0.06	0.01	0.04
1.67	2.30	0.83	0.04	0.81	-0.11	1.08	1.09	1.03	0.55
0.21	0.40	0.29		0.28		-0.08	-0.07	0.29	0.09
1.31	1.49	0.48	0.02	0.48	-0.11	1.16	1.27	0.43	0.33
0.06	0.15	0.02	0.01	0.03				0.02	0.08
0.02	0.05	0.02		0.02		0.11	0.11		0.02
0.06	0.04	0.01				0.02	0.02		0.01
12.62	26.12	6.90	-0.57	7.29	1.49	77.58	77.69	3.93	3.67
5.35	9.46	2.94		2.85	0.70	16.47	17.01	1.24	1.39
4.89	8.67	2.70		2.61	0.70	16.02	16.49	1.23	1.22
0.46	0.79	0.24		0.24		0.45	0.52	0.01	0.17
3.31	5.30	1.77	0.05	1.65	0.01	3.66	3.65	1.06	1.10
2.94	4.74	1.61	0.05	1.50	0.01	3.21	3.22	0.99	0.94
0.14	0.26	0.04		0.02		0.10	0.10	0.04	0.06
0.16	0.15	0.05		0.05		0.31	0.30	0.03	0.08
0.53	0.95	0.57	0.01	0.57		-0.16	-0.04	0.35	0.19
0.24	0.45	0.17		0.17		0.05	0.10	0.10	0.10
0.08	0.19	0.29		0.29		-0.21	-0.17	0.20	0.03
0.08	0.11	0.01		0.01		0.01	0.01		0.03
0.12	0.16	0.07		0.07		0.05	0.07		0.04
0.17	0.40	0.03	0.04	0.07		0.08	0.11		0.10
0.10	0.09	0.04		0.04		0.05	0.05		0.03
0.05	0.16	0.32		0.30		-0.25	-0.21	0.24	0.12
0.05	0.16	0.32		0.30		-0.25	-0.21	0.24	0.12
2.98	9.57	1.21	-0.68	1.83	0.78	57.56	56.97	1.01	0.66
2.26	9.23	1.05	-0.68	1.74	0.78	57.23	56.65	0.94	0.58
0.72	0.34	0.15		0.09		0.34	0.31	0.07	0.08
27.34	29.71	30.71	1.51	29.97	4.23	2.39	3.81	0.32	4.76
25.70	28.22	29.96	1.50	29.23	4.22	1.24	2.44	0.09	4.16
1.60	1.38	0.58	0.01	0.57		1.32	1.49	0.11	0.55

1-A-6 续表 10

行业					营业收入	营业成本
	法人资本	个人资本	港澳台资本	外商资本		
有色金属冶炼和压延加工业	99.03	19.97	7.86		3340.86	3182.94
常用有色金属冶炼	84.75	11.61	7.86		2979.01	2838.74
铅锌冶炼	26.59	0.70			37.35	26.48
铝冶炼	6.24	0.55			370.18	358.23
贵金属冶炼	4.07				29.53	20.97
金冶炼	4.07				29.53	20.97
有色金属合金制造	2.06	0.37			91.72	88.59
有色金属压延加工	3.20	7.99			225.48	220.65
铜压延加工		0.50			168.36	166.49
铝压延加工	3.09	7.40			56.65	53.75
金属制品业	6.64	7.53			72.76	66.43
结构性金属制品制造	2.03	4.00			26.35	24.11
金属结构制造	1.78	3.03			24.18	22.24
金属门窗制造	0.25	0.97			2.18	1.86
集装箱及金属包装容器制造	0.75	1.77			7.98	7.44
金属压力容器制造	0.34	1.47			6.34	5.95
金属包装容器及材料制造	0.42	0.30			1.64	1.48
铸造及其他金属制品制造	0.98	1.35			32.56	29.69
有色金属铸造	0.24	0.69			23.54	22.72
其他未列明金属制品制造	0.62	0.61			6.32	4.53
通用设备制造业	4.63	4.18		0.22	41.78	32.69
锅炉及原动设备制造	1.99	1.00			9.14	8.12
锅炉及辅助设备制造	0.79	1.00			1.17	1.09
风能原动设备制造	1.20				7.97	7.03
金属加工机械制造	0.20	0.66			6.11	5.32
物料搬运设备制造	1.00	0.03			3.80	2.65
泵、阀门、压缩机及类似机械制造	1.08	1.75		0.22	14.16	9.46
泵及真空设备制造	0.66	0.82		0.22	10.88	7.02
专用设备制造业	14.33	5.02		0.20	73.27	70.01
采矿、冶金、建筑专用设备制造	4.56	3.99		0.20	46.87	50.36
矿山机械制造	0.85	0.94			3.63	3.06
石油钻采专用设备制造	3.71	2.77		0.20	34.92	40.28
化工、木材、非金属加工专用设备制造	5.25	0.03			12.45	10.40
炼油、化工生产专用设备制造	4.75	0.03			11.86	9.85
农、林、牧、渔专用机械制造	0.69	0.17			1.25	0.97
机械化农业及园艺机具制造	0.69				0.71	0.52
医疗仪器设备及器械制造	2.39	0.47			3.73	1.44
环保、邮政、社会公共服务及其他专用设备制造	0.60	0.36			7.40	5.80

单位：亿元

销售费用	管理费用	财务费用	利息收入	利息支出	投资收益(损失以“-”号记)	营业利润	利润总额	亏损企业亏损额	平均用工人数(万人)
22.09	33.43	50.25	2.48	43.97	5.12	21.03	19.62	28.18	7.30
17.29	26.97	46.61	2.15	40.30	4.21	18.92	16.69	24.26	5.75
0.28	0.61	0.83	-0.02	0.81	0.81	9.30	9.28	0.07	0.32
5.28	4.03	11.49	0.49	11.04	2.79	-7.57	-6.69	6.93	0.96
0.05	2.69	1.23	0.10	1.14	0.14	3.90	4.20	0.73	0.27
0.05	2.69	1.23	0.10	1.14	0.14	3.90	4.20	0.73	0.27
2.69	0.36	0.66	0.10	0.78	0.22	-0.68	-0.64	1.06	0.24
1.96	2.39	1.67	0.12	1.66	0.39	-1.19	-0.68	2.13	0.83
0.90	0.76	1.13	0.09	1.17	0.40	-0.74	-0.72	1.08	0.36
1.05	1.62	0.53	0.03	0.48	-0.01	-0.47	0.04	1.05	0.47
1.60	3.06	1.27	0.07	1.27	2.44	2.11	2.29	0.88	0.56
0.12	1.40	0.53	0.03	0.49	-0.05	0.07	0.16	0.57	0.24
0.10	1.25	0.42	0.02	0.38	-0.05	0.05	0.09	0.52	0.19
0.02	0.15	0.12		0.11		0.02	0.07	0.05	0.05
0.26	0.60	0.32	0.04	0.36	2.49	1.42	1.40		0.12
0.25	0.51	0.31	0.04	0.35	2.49	1.40	1.38		0.09
0.02	0.09	0.01		0.01		0.02	0.02		0.03
1.02	0.81	0.30		0.29		0.53	0.60	0.28	0.14
0.59	0.19	0.17	-0.01	0.15		-0.16	-0.13	0.16	0.03
0.40	0.48	0.05	0.01	0.07		0.78	0.83	0.01	0.08
2.44	3.73	2.40	0.36	1.94		-0.19	-0.35	2.61	0.97
0.18	0.49	0.11		0.12		0.18	-0.40	0.68	0.20
0.03	0.09					-0.06	-0.08	0.09	0.03
0.14	0.39	0.11		0.12		0.24	-0.32	0.60	0.17
0.45	0.63	1.51		1.10		-1.93	-1.70	1.70	0.19
0.10	0.41	0.34	0.39	0.20		-0.02	-0.02	0.06	0.11
1.22	1.47	0.35	-0.04	0.41		1.53	1.66	0.16	0.22
0.81	1.07	0.12	-0.05	0.16		1.74	1.77	0.01	0.13
2.88	6.61	3.28	0.23	3.53	0.03	-16.80	-14.90	18.26	1.54
1.48	2.99	2.87	0.18	3.10	0.07	-17.51	-17.38	17.61	1.00
0.12	0.41	0.06	0.01	0.02	0.01	-0.03	-0.01	0.15	0.15
0.82	2.01	2.73	0.14	2.98	0.06	-17.47	-17.38	17.46	0.68
0.62	1.32	0.18	0.01	0.19	-0.01	-0.34	1.26	0.20	0.17
0.62	1.22	0.19	0.01	0.20	-0.01	-0.29	1.31	0.16	0.15
0.11	0.19	0.05		0.03	0.01	-0.07	0.07	0.02	0.06
0.08	0.15	0.05		0.03	0.01	-0.09	0.04	0.02	0.05
0.37	0.53	0.02	0.01	0.02		1.26	1.26		0.11
0.21	1.36	0.11	0.03	0.14	-0.03	-0.26	-0.24	0.38	0.14

1-A-6 续表 11

行业	法人资本	个人资本	港澳台资本	外商资本	营业收入	营业成本
环境保护专用设备制造	0.45	0.26			5.21	4.13
其他专用设备制造		0.10			1.69	1.18
汽车制造业	4.50	0.75		0.25	8.19	7.65
铁路、船舶、航空航天和其他运输设备制造业	4.56	0.10			12.74	8.87
电气机械和器材制造业	17.06	5.80			85.48	73.60
电机制造	3.23	0.57			12.18	10.66
输配电及控制设备制造	3.38	3.68			28.68	22.94
变压器、整流器和电感器制造	1.44	1.00			1.66	1.25
电容器及其配套设备制造	0.67	0.03			0.77	0.65
配电开关控制设备制造	0.82	1.94			24.46	19.54
电线、电缆、光缆及电工器材制造	3.94	1.04			39.39	35.85
电线、电缆制造	3.63	1.04			34.98	32.01
电池制造	5.51	0.13			1.36	1.20
非电力家用器具制造	0.70				1.70	1.13
照明器具制造	0.30	0.38			2.18	1.81
照明灯具制造	0.30	0.33			1.28	1.16
计算机、通信和其他电子设备制造业	0.93	1.05		0.03	101.40	85.64
电子元件及电子专用材料制造	0.58	0.07			9.89	9.88
仪器仪表制造业	0.05	0.13			1.01	0.42
废弃资源综合利用业	0.91	0.90			9.70	8.74
金属废料和碎屑加工处理	0.73	0.55			7.13	6.51
非金属废料和碎屑加工处理	0.18	0.36			2.57	2.24
金属制品、机械和设备修理业					13.66	12.61
电力、热力、燃气及水生产和供应业	**214.55**	**13.24**	**5.03**	**13.14**	**951.10**	**842.29**
电力、热力生产和供应业	212.82	11.07	1.12	13.14	894.71	795.11
电力生产	203.27	9.16	1.12	13.14	382.69	289.66
火力发电	14.60			4.01	90.18	89.59
热电联产	38.03			3.18	90.53	89.28
水力发电	27.61	5.44			60.29	32.40
风力发电	31.15		1.12	4.36	83.67	50.09
太阳能发电	90.21	3.72		1.58	56.37	26.87
热力生产和供应	9.55	1.92			38.69	39.53
燃气生产和供应业	1.73	1.95			44.79	37.64
燃气生产和供应业	1.73	1.95			44.79	37.64
天然气生产和供应业	1.73	1.95			42.82	36.08
水的生产和供应业		0.22	3.91		11.59	9.54
自来水生产和供应			3.91		9.66	8.14
污水处理及其再生利用		0.22			1.93	1.40

单位：亿元

销售费用	管理费用	财务费用			投资收益（损失以"–"号记）	营业利润	利润总额	亏损企业亏损额	平均用工人数（万人）
			利息收入	利息支出					
0.13	1.02	0.07	0.01	0.07		-0.29	-0.27	0.38	0.08
0.08	0.34	0.04	0.02	0.06	-0.03	0.03	0.03		0.05
0.07	0.83	0.27	0.01	0.32		-0.67	-0.55	0.64	0.11
0.17	1.40	0.40	0.01	0.40		1.71	1.75		0.29
3.69	5.94	2.26	0.11	1.95	-0.01	-0.51		2.12	1.10
0.45	1.20	1.42	0.07	1.15		-1.46	-1.47	1.76	0.29
1.57	3.00	0.50	0.01	0.32	-0.01	0.31	0.50	0.20	0.52
0.11	0.23	0.15		0.02		-0.10	-0.06	0.13	0.04
0.02	0.05	0.01		0.01		0.02	0.02		0.02
1.40	2.53	0.30	0.01	0.25	-0.01	0.41	0.54	0.02	0.44
1.24	1.18	0.24	0.09	0.33	-0.01	0.74	0.93		0.18
1.14	0.94	0.22	0.09	0.30	-0.01	0.52	0.70		0.15
0.04	0.12	-0.04	-0.06	0.02		0.03	0.04	0.01	0.03
0.26	0.20	0.07	-0.01	0.08			0.04		0.05
0.14	0.24	0.06		0.05		-0.12	-0.04	0.15	0.04
0.05	0.11	0.06		0.05		-0.15	-0.09	0.15	0.02
1.34	8.71	0.42	0.29	1.09	1.52	7.31	7.21	1.16	1.22
0.13	0.33	0.17	0.01	0.18		-0.95	-0.88	1.08	0.08
0.08	0.42	0.29	-0.02	0.38	0.06	-0.18	-0.17	0.25	0.02
0.23	0.77	0.32	0.02	0.32		-0.42	-0.32	0.50	0.14
0.18	0.65	0.22	0.02	0.23		-0.47	-0.38	0.45	0.11
0.05	0.12	0.10		0.09		0.06	0.05	0.04	0.03
0.24	2.00	0.27		0.02	-0.02	4.27	4.08		0.39
3.10	**15.68**	**78.68**	**-0.84**	**79.04**	**0.39**	**0.28**	**12.93**	**37.88**	**7.62**
0.73	11.42	78.11	-1.40	78.02	0.46	-1.41	10.72	36.48	6.77
0.28	8.39	65.42	-1.33	65.65	0.41	13.45	19.88	26.30	2.18
0.02	0.94	8.49	0.17	8.63	-0.01	-10.82	-5.58	9.95	0.63
0.14	2.07	6.65	-1.98	8.71		-8.31	-7.54	8.03	0.59
0.05	3.51	11.54	0.05	11.48	0.05	11.95	12.05	2.13	0.59
0.01	0.83	23.00	0.13	22.25	0.37	10.46	10.51	3.54	0.22
0.06	0.97	15.62	0.29	14.46		10.20	10.24	2.58	0.12
0.45	2.15	2.49	-0.12	2.55		-6.12	-5.24	6.26	0.60
1.95	2.13	-0.31	0.55	0.21		3.19	3.03	0.14	0.37
1.95	2.13	-0.31	0.55	0.21		3.19	3.03	0.14	0.37
1.95	1.93	-0.34	0.55	0.18		3.02	2.87	0.14	0.28
0.42	2.14	0.88	0.01	0.81	-0.07	-1.50	-0.83	1.27	0.48
0.42	2.13	0.76	0.01	0.69	-0.07	-1.93	-1.26	1.27	0.47
		0.12		0.12		0.43	0.43		0.01

1-A-7 国有控股工业企业主要

行业	企业单位数（个）	资产总计	固定资产净额	固定资产原价	累计折旧	流动资产合计
总计	**434**	**9117.52**	**3732.60**	**6868.38**	**2943.75**	**3039.08**
采矿业	**28**	**1290.55**	**223.68**	**508.79**	**250.28**	**208.12**
煤炭开采和洗选业	11	437.56	144.25	324.13	173.12	147.19
烟煤和无烟煤开采洗选	11	437.56	144.25	324.13	173.12	147.19
有色金属矿采选业	9	31.45	11.64	22.22	8.11	7.72
常用有色金属矿采选	3	10.84	0.90	7.26	3.89	4.57
贵金属矿采选	5	15.79	8.46	10.71	2.25	2.38
制造业	**215**	**5441.94**	**1876.13**	**3467.37**	**1491.57**	**2377.42**
农副食品加工业	16	24.49	4.31	10.94	4.30	15.42
谷物磨制	3	4.50	0.50	0.74	0.24	3.04
其他农副食品加工	10	16.64	3.02	8.92	3.57	10.03
食品制造业	5	7.90	2.78	4.85	2.07	4.07
酒、饮料和精制茶制造业	8	30.51	9.76	16.59	6.50	17.69
酒的制造	4	15.51	6.05	9.37	3.31	6.90
饮料制造	4	15.00	3.70	7.22	3.19	10.79
纺织服装、服饰业	3	1.69	0.41	0.84	0.44	1.18
机织服装制造	3	1.69	0.41	0.84	0.44	1.18
印刷和记录媒介复制业	5	4.19	1.44	4.65	3.21	2.44
印刷	5	4.19	1.44	4.65	3.21	2.44
石油、煤炭及其他燃料加工业	8	431.74	208.87	660.39	376.01	170.40
精炼石油产品制造	6	326.04	127.60	516.46	313.65	149.98
化学原料和化学制品制造业	21	192.43	64.32	125.43	58.59	68.58
基础化学原料制造	6	65.57	11.52	32.23	19.77	18.26
肥料制造	4	47.87	33.15	49.37	16.18	11.58
专用化学产品制造	5	12.36	1.41	2.70	1.28	10.10
炸药、火工及焰火产品制造	3	54.43	15.52	36.15	19.09	21.46
医药制造业	10	126.40	29.59	43.49	13.90	76.85
中药饮片加工	3	12.64	2.86	3.65	0.79	8.51
中成药生产	4	39.83	16.19	17.92	1.73	17.60
橡胶和塑料制品业	3	26.15	14.20	15.53	1.33	6.00
塑料制品业	3	26.15	14.20	15.53	1.33	6.00

经济指标(大、中类行业)

单位：亿元

应收账款	存货		负债合计	流动负债合计		所有者权益合计	实收资本		
		产成品			应付账款			国家资本	集体资本
501.77	**926.39**	**257.19**	**6036.86**	**3819.36**	**848.14**	**3080.66**	**1660.88**	**1345.69**	**14.17**
18.89	**20.48**	**12.88**	**647.83**	**320.15**	**86.38**	**642.73**	**98.38**	**58.03**	**0.40**
10.04	14.52	10.44	209.58	169.13	24.85	227.98	89.55	51.50	0.40
10.04	14.52	10.44	209.58	169.13	24.85	227.98	89.55	51.50	0.40
1.68	1.44	0.64	23.70	20.23	3.33	7.74	5.75	3.49	
0.87	0.50	0.20	7.24	5.81	0.92	3.60	2.13	0.53	
0.81	0.56	0.14	13.57	11.52	1.45	2.22	3.62	2.96	
324.19	**888.73**	**242.67**	**3594.41**	**2746.22**	**588.75**	**1847.53**	**978.10**	**832.86**	**10.63**
2.37	5.95	2.36	16.54	14.16	1.17	7.95	11.51	4.33	0.44
0.09	1.10	0.06	3.65	2.43	0.17	0.85	0.27	0.27	
1.86	4.05	1.93	10.07	9.74	0.93	6.57	10.69	3.96	
1.75	1.41	0.63	4.53	4.36	2.42	3.37	2.93	1.10	1.00
3.38	9.79	4.79	23.59	19.49	3.81	6.91	6.15	3.35	0.20
1.08	2.87	1.40	12.71	9.81	2.12	2.80	3.82	1.75	0.20
2.30	6.92	3.38	10.88	9.68	1.69	4.12	2.33	1.60	
0.12	0.10	0.04	0.63	0.58	0.14	1.06	0.29	0.29	
0.12	0.10	0.04	0.63	0.58	0.14	1.06	0.29	0.29	
0.46	0.90	0.15	4.67	4.38	1.08	-0.47	0.93	0.33	0.10
0.46	0.90	0.15	4.67	4.38	1.08	-0.47	0.93	0.33	0.10
2.23	63.44	20.01	210.13	125.33	31.38	221.61	103.00	102.15	
1.27	52.32	15.58	143.02	112.13	28.48	183.02	73.26	73.20	
13.84	14.22	5.21	85.44	59.85	16.55	106.99	56.24	53.76	1.85
0.37	3.66	0.87	12.27	10.91	2.75	53.30	33.29	33.27	
1.80	4.72	1.59	38.68	23.53	7.76	9.18	13.53	13.10	
1.12	1.79	1.12	6.70	6.17	1.04	5.66	1.77	1.17	0.61
9.89	3.24	1.41	21.28	14.31	4.80	33.15	5.84	5.68	
12.73	16.45	6.05	39.03	27.76	11.38	87.37	28.24	22.68	
2.29	3.96	1.19	5.88	5.52	4.52	6.76	0.70	0.40	
3.42	6.20	2.23	19.06	12.63	5.40	20.77	8.47	3.41	
1.07	1.10	0.80	20.48	20.18	4.78	5.68	5.34	4.55	
1.07	1.10	0.80	20.48	20.18	4.78	5.68	5.34	4.55	

1-A-7 续表 1

行业	企业单位数（个）	资产总计	固定资产净额	固定资产原价	累计折旧	流动资产合计
非金属矿物制品业	47	211.54	87.75	146.88	55.63	84.92
水泥、石灰和石膏制造	21	126.28	71.90	126.04	50.63	35.77
石膏、水泥制品及类似制品制造	19	35.90	8.29	11.48	3.18	24.34
黑色金属冶炼和压延加工业	5	1211.00	500.77	912.31	406.33	336.12
钢压延加工	3	1196.33	493.62	899.42	400.61	329.93
有色金属冶炼和压延加工业	21	2204.87	774.28	1233.77	454.37	959.81
常用有色金属冶炼	9	2033.02	711.55	1143.71	427.36	871.60
贵金属冶炼	3	27.89	8.46	13.18	4.72	14.18
有色金属合金制造	4	68.74	16.28	22.09	5.82	44.62
有色金属压延加工	5	75.22	38.00	54.79	16.46	29.41
金属制品业	12	57.43	9.72	14.03	4.25	32.40
结构性金属制品制造	7	23.90	6.63	8.29	1.60	16.28
铸造及其他金属制品制造	4	4.76	1.93	3.30	1.37	2.57
通用设备制造业	9	61.16	8.69	17.50	5.90	44.71
专用设备制造业	13	237.66	64.73	80.46	15.14	152.16
采矿、冶金、建筑专用设备制造	6	197.69	58.64	70.69	12.05	123.87
环保、邮政、社会公共服务及其他专用设备制造	5	18.49	3.78	4.80	1.01	13.03
电气机械和器材制造业	12	112.88	11.72	19.17	7.43	59.66
电机制造	3	58.36	3.17	5.43	2.26	17.83
输配电及控制设备制造	6	42.75	6.90	11.11	4.19	33.79
计算机、通信和其他电子设备制造业	3	25.63	4.41	8.30	3.74	16.95
金属制品、机械和设备修理业	5	46.81	6.13	11.41	4.62	25.07
电力、热力、燃气及水生产和供应业	**191**	**2385.02**	**1632.79**	**2892.22**	**1201.90**	**453.54**
电力、热力生产和供应业	173	2276.99	1579.36	2795.78	1160.69	416.64
电力生产	149	1688.46	1125.30	1877.15	696.23	369.32
热力生产和供应	23	73.34	26.92	41.66	14.63	23.16
燃气生产和供应业	7	44.50	16.91	29.63	12.71	22.96
燃气生产和供应业	7	44.50	16.91	29.63	12.71	22.96
水的生产和供应业	11	63.53	36.52	66.81	28.49	13.94
自来水生产和供应	10	61.46	34.58	63.62	27.24	13.81

单位：亿元

应收账款	存货	产成品	负债合计	流动负债合计	应付账款	所有者权益合计	实收资本	国家资本	集体资本
26.55	12.66	5.26	113.97	88.48	25.62	97.57	51.39	43.79	0.46
7.51	6.87	2.23	48.83	41.17	11.92	77.45	33.61	28.71	0.46
17.39	1.61	0.62	24.63	22.88	10.47	11.27	6.22	4.12	
10.70	154.87	48.75	933.20	783.36	162.18	277.80	189.27	189.11	
9.40	152.14	47.45	919.73	770.67	158.72	276.60	186.17	186.17	
107.75	375.62	122.78	1478.45	1055.16	157.00	726.42	394.44	301.42	3.00
90.31	347.39	106.57	1356.99	948.41	137.46	676.02	360.24	272.27	
2.06	9.01	0.11	20.21	19.18	3.19	7.68	3.80	0.80	3.00
6.62	7.19	5.83	53.62	50.58	4.05	15.12	13.33	11.27	
8.77	12.03	10.27	47.62	37.00	12.30	27.60	17.08	17.08	
12.51	6.29	1.34	37.65	34.57	8.60	19.77	5.85	3.75	
6.85	4.18		21.11	19.34	6.22	2.79	2.11	1.38	
0.31	0.88	0.67	5.07	4.90	0.82	-0.31	0.19	0.19	
9.90	10.15	2.95	49.84	41.54	19.71	11.32	5.34	4.85	0.49
49.82	50.77	8.01	194.89	186.06	36.20	42.78	30.12	21.40	
37.75	44.07	7.20	166.92	159.47	29.45	30.77	23.18	18.01	
5.74	2.52	0.76	15.70	14.55	4.41	2.78	1.66	1.56	
28.12	15.53	5.26	75.15	44.69	17.69	37.72	13.73	8.78	3.02
6.50	4.17	1.91	43.30	16.32	4.99	15.06	3.34	1.50	
17.22	9.81	2.80	25.22	22.22	10.07	17.53	6.25	6.20	0.02
3.01	6.61	0.85	20.51	14.82	7.10	5.12	5.44	5.44	
8.03	5.65	0.50	31.81	21.65	8.81	15.00	7.65	7.65	
158.68	**17.18**	**1.63**	**1794.62**	**752.99**	**173.01**	**590.40**	**584.39**	**454.80**	**3.15**
157.80	16.46	1.58	1723.79	711.62	166.87	553.20	556.10	430.75	3.15
145.63	13.13	0.61	1326.50	474.09	78.07	361.96	450.89	332.23	3.15
2.46	2.64	0.97	55.15	32.42	10.52	18.19	13.86	7.17	
0.22	0.57	0.05	34.45	31.73	3.69	10.05	8.10	7.77	
0.22	0.57	0.05	34.45	31.73	3.69	10.05	8.10	7.77	
0.66	0.15		36.38	9.64	2.45	27.15	20.19	16.29	
0.60	0.15		35.15	8.41	2.21	26.32	19.39	15.49	

1-A-7 续表 2

行业	法人资本	个人资本	港澳台资本	外商资本	营业收入	营业成本
总 计	**253.08**	**35.83**	**5.07**	**7.02**	**7132.32**	**6144.16**
采矿业	**24.27**	**15.69**			**468.36**	**290.99**
煤炭开采和洗选业	22.62	15.03			164.54	107.63
烟煤和无烟煤开采洗选	22.62	15.03			164.54	107.63
有色金属矿采选业	1.60	0.65			12.83	7.91
常用有色金属矿采选	1.60				5.84	3.20
贵金属矿采选		0.65			4.95	3.39
制造业	**114.16**	**20.06**	**0.05**	**0.34**	**5809.51**	**5075.12**
农副食品加工业	6.43	0.31			18.21	15.97
谷物磨制					1.42	1.38
其他农副食品加工	6.43	0.31			15.32	13.32
食品制造业	0.78		0.05		4.67	3.64
酒、饮料和精制茶制造业	2.46			0.14	20.03	14.05
酒的制造	1.88				7.17	4.95
饮料制造	0.58			0.14	12.86	9.10
纺织服装、服饰业					1.35	0.47
机织服装制造					1.35	0.47
印刷和记录媒介复制业	0.50				2.43	2.05
印刷	0.50				2.43	2.05
石油、煤炭及其他燃料加工业	0.06	0.80			926.05	655.19
精炼石油产品制造	0.06				907.86	643.16
化学原料和化学制品制造业	0.44	0.18			141.04	112.36
基础化学原料制造		0.02			64.63	57.40
肥料制造	0.44				26.93	23.73
专用化学产品制造					20.26	17.94
炸药、火工及焰火产品制造		0.16			20.08	5.15
医药制造业	2.83	2.73			56.49	24.55
中药饮片加工	0.30				15.04	12.41
中成药生产	2.48	2.58			9.73	5.23
橡胶和塑料制品业	0.79				13.56	12.27
塑料制品业	0.79				13.56	12.27

单位：亿元

销售费用	管理费用	财务费用			投资收益(损失以“-”号记)	营业利润	利润总额	亏损企业亏损额	平均用工人数(万人)
			利息收入	利息支出					
87.03	**179.04**	**167.79**	**7.88**	**164.83**	**16.15**	**186.96**	**183.85**	**116.67**	**34.62**
5.53	**23.89**	**15.27**	**1.13**	**16.44**	**0.23**	**103.82**	**97.91**	**4.88**	**6.61**
4.39	13.54	5.11	0.28	5.59	0.23	25.79	24.34	0.76	4.76
4.39	13.54	5.11	0.28	5.59	0.23	25.79	24.34	0.76	4.76
0.07	1.85	0.68	0.01	0.60		1.86	1.99	0.47	0.24
0.04	0.53	0.26	0.01	0.21		1.63	1.75		0.13
0.03	0.95	0.35		0.31		0.13	0.15	0.47	0.09
79.39	**143.45**	**92.46**	**7.82**	**86.91**	**15.61**	**90.02**	**81.04**	**79.72**	**21.08**
1.00	1.33	0.41	0.03	0.44		-0.82	-0.59	0.69	0.13
0.07	0.10	0.04		0.03		-0.17	-0.01	0.02	0.02
0.79	1.09	0.25	0.03	0.27		-0.40	-0.27	0.35	0.09
0.31	0.32	0.12		0.12		0.27	0.28		0.07
3.07	0.93	0.43	0.01	1.06	0.30	1.39	1.57	0.05	0.27
0.44	0.55	0.15		0.82	0.30	1.00	1.09	0.05	0.13
2.64	0.39	0.28	0.01	0.24		0.39	0.49		0.14
0.01	0.68	-0.02	-0.02			0.18	-0.01	0.04	0.05
0.01	0.68	-0.02	-0.02			0.18	-0.01	0.04	0.05
0.06	0.61	0.09		0.09		-0.42	-0.38	0.41	0.18
0.06	0.61	0.09		0.09		-0.42	-0.38	0.41	0.18
4.80	36.77	2.49	1.44	3.80	0.05	16.21	8.89	26.81	2.86
4.79	35.08	0.55	1.38	1.95		13.07	6.40	26.81	2.55
4.25	9.65	2.13	0.18	2.35	2.49	12.63	11.46	3.01	1.35
1.53	3.88	0.28	0.03	0.31	2.07	2.49	2.55	1.33	0.28
1.10	1.57	1.29	0.01	1.31	-0.01	-0.80	-0.62	1.06	0.33
0.75	0.91		0.08	0.13		0.53	0.70	0.54	0.18
0.65	2.72	0.47	0.03	0.49	0.48	10.31	8.64	0.08	0.46
7.48	4.50	-0.14	0.31	0.54	0.50	20.27	20.38	0.28	0.48
0.02	0.32	0.02		0.02		2.18	2.20		0.06
2.39	1.02	0.17	0.27	0.44	0.01	0.79	0.93	0.28	0.24
0.47	0.32	0.21	0.02	0.23	-0.11	0.63	0.62	0.13	0.08
0.47	0.32	0.21	0.02	0.23	-0.11	0.63	0.62	0.13	0.08

1-A-7 续表 3

行　业					营业收入	营业成本
	法人资本	个人资本	港澳台资本	外商资本		
非金属矿物制品业	6.98	0.17			119.51	89.78
水泥、石灰和石膏制造	4.45				78.84	53.41
石膏、水泥制品及类似制品制造	1.96	0.14			25.18	21.73
黑色金属冶炼和压延加工业	0.16				1064.25	980.01
钢压延加工					1051.87	968.44
有色金属冶炼和压延加工业	79.67	10.36			3056.01	2909.92
常用有色金属冶炼	77.61	10.36			2786.68	2647.95
贵金属冶炼					13.19	10.48
有色金属合金制造	2.06				82.44	79.45
有色金属压延加工					173.70	172.05
金属制品业	0.70	1.40			43.61	40.97
结构性金属制品制造	0.70	0.03			17.47	15.99
铸造及其他金属制品制造					20.98	19.92
通用设备制造业					15.27	12.10
专用设备制造业	5.57	2.95		0.20	57.16	58.57
采矿、冶金、建筑专用设备制造	2.07	2.90		0.20	41.55	46.01
环保、邮政、社会公共服务及其他专用设备制造	0.05	0.05			5.73	4.40
电气机械和器材制造业	1.84	0.09			29.19	23.01
电机制造	1.84				4.35	3.54
输配电及控制设备制造		0.04			20.55	16.08
计算机、通信和其他电子设备制造业					11.90	11.18
金属制品、机械和设备修理业					13.66	12.61
电力、热力、燃气及水生产和供应业	**114.65**	**0.09**	**5.03**	**6.68**	**854.46**	**778.05**
电力、热力生产和供应业	114.32	0.09	1.12	6.68	808.90	738.95
电力生产	107.64	0.08	1.12	6.68	316.42	251.15
热力生产和供应	6.69	0.01			19.15	21.88
燃气生产和供应业	0.33				36.01	30.89
燃气生产和供应业	0.33				36.01	30.89
水的生产和供应业			3.91		9.55	8.21
自来水生产和供应			3.91		8.85	7.56

单位：亿元

销售费用	管理费用	财务费用			投资收益（损失以“－”号记）	营业利润	利润总额	亏损企业亏损额	平均用工人数（万人）
			利息收入	利息支出					
4.17	7.52	1.50	0.01	1.50	0.70	16.87	16.85	1.18	1.04
3.18	5.68	0.70	-0.03	0.71	0.69	16.51	16.44	0.29	0.63
0.80	1.11	0.24	0.01	0.20		1.18	1.19	0.05	0.19
25.46	27.77	29.98	1.46	29.24	4.23	0.85	2.11	0.12	4.00
25.34	27.40	29.58	1.47	28.83	4.22	1.01	2.22		3.90
20.27	29.33	47.38	2.47	41.09	4.85	18.89	16.69	24.78	6.47
16.56	26.08	45.17	2.25	38.75	4.20	20.60	17.90	22.00	5.62
0.02	1.44	0.41	0.01	0.40	0.04	0.85	0.82	0.06	0.11
2.56	0.29	0.57	0.11	0.69	0.22	-0.49	-0.46	0.86	0.22
1.12	1.52	1.23	0.10	1.25	0.39	-2.07	-1.58	1.87	0.53
0.76	1.52	0.52	0.03	0.57	2.49	1.74	1.70	0.20	0.18
0.01	0.90	0.17		0.17		0.35	0.35	0.11	0.08
0.54	0.32	0.07	-0.01	0.07		-0.02	-0.02	0.09	0.05
0.66	1.40	0.35	0.24	0.17		0.43	0.02	0.76	0.44
2.02	4.61	2.92	0.21	3.22	0.04	-18.03	-17.79	18.00	1.00
1.29	2.33	2.77	0.17	3.04	0.06	-17.49	-17.43	17.46	0.77
0.19	1.21	0.11	0.03	0.13	-0.03	-0.34	-0.31	0.38	0.11
1.91	3.82	1.74	0.08	1.41	-0.02	-1.51	-1.28	1.88	0.70
0.26	1.06	1.32	0.07	1.05		-1.72	-1.73	1.73	0.25
1.29	2.30	0.29	0.01	0.24	-0.01	0.33	0.45	0.01	0.38
0.16	0.83	0.10	0.01	0.07		-0.83	-0.92	1.08	0.19
0.24	2.00	0.27		0.02	-0.02	4.27	4.08		0.39
2.11	**11.70**	**60.05**	**-1.07**	**61.49**	**0.30**	**-6.88**	**4.90**	**32.08**	**6.93**
0.46	8.31	59.73	-1.63	60.70	0.38	-7.70	3.59	30.95	6.20
0.16	6.48	48.22	-1.67	49.56	0.32	6.41	12.51	21.87	1.86
0.30	0.95	1.31	-0.02	1.31		-5.37	-5.01	5.16	0.34
1.36	1.51	-0.50	0.54	0.05		2.59	2.41		0.28
1.36	1.51	-0.50	0.54	0.05		2.59	2.41		0.28
0.29	1.88	0.82	0.02	0.75	-0.07	-1.77	-1.10	1.12	0.44
0.29	1.88	0.77	0.02	0.69	-0.07	-1.78	-1.11	1.12	0.44

1-A-8 私营工业企业主要

行　业	企业单位数（个）	资产总计	固定资产净额	固定资产原价	累计折旧	流动资产合计
总　计	**650**	**943.54**	**287.25**	**425.36**	**116.52**	**496.60**
采矿业	**40**	**47.50**	**13.63**	**21.31**	**6.12**	**28.09**
煤炭开采和洗选业	10	17.39	6.01	8.22	2.21	9.86
烟煤和无烟煤开采洗选	10	17.39	6.01	8.22	2.21	9.86
有色金属矿采选业	7	15.46	3.17	5.85	1.82	9.20
常用有色金属矿采选	7	15.46	3.17	5.85	1.82	9.20
非金属矿采选业	11	7.09	2.81	3.77	0.96	3.94
土砂石开采	8	5.75	2.15	2.83	0.69	3.35
开采专业及辅助性活动	10	6.58	1.31	2.81	0.79	4.48
石油和天然气开采专业及辅助性活动	10	6.58	1.31	2.81	0.79	4.48
制造业	**562**	**708.66**	**180.68**	**270.74**	**79.76**	**409.22**
农副食品加工业	117	103.76	26.38	36.70	9.37	60.09
谷物磨制	16	7.69	1.53	2.44	0.88	5.67
饲料加工	22	9.99	2.75	3.63	0.83	5.98
植物油加工	4	1.71	0.38	0.59	0.21	1.16
制糖业	3	4.56	0.78	1.76	0.89	3.11
屠宰及肉类加工	17	38.20	8.05	10.31	2.01	23.42
蔬菜、菌类、水果和坚果加工	21	10.92	1.87	3.07	0.68	6.09
其他农副食品加工	34	30.69	11.04	14.90	3.87	14.67
食品制造业	22	28.62	10.66	16.24	4.55	12.72
糖果、巧克力及蜜饯制造	4	1.89	0.57	0.69	0.09	1.07
乳制品制造	6	9.83	2.96	4.86	0.92	4.18
调味品、发酵制品制造	5	3.01	1.51	1.69	0.18	1.17
酒、饮料和精制茶制造业	10	7.23	1.72	2.64	0.92	3.99
酒的制造	4	4.29	0.70	1.35	0.65	2.83
饮料制造	6	2.94	1.02	1.29	0.27	1.17
纺织业	4	9.20	2.60	2.76	0.14	4.11
毛纺织及染整精加工	3	2.88	0.35	0.51	0.14	2.03
皮革、毛皮、羽毛及其制品和制鞋业	5	2.96	1.55	1.68	0.13	1.10
制鞋业	4	2.23	1.24	1.37	0.13	0.84
造纸和纸制品业	12	13.55	5.53	6.72	1.20	5.66
纸制品制造	10	9.14	4.86	5.85	0.99	3.18
印刷和记录媒介复制业	6	5.90	1.53	2.65	0.99	2.94
印刷	5	5.58	1.27	2.39	0.99	2.89
石油、煤炭及其他燃料加工业	4	6.70	0.33	2.25	0.36	5.95
化学原料和化学制品制造业	46	66.26	18.76	31.81	10.18	32.30
基础化学原料制造	14	38.94	9.08	19.13	8.11	20.02
肥料制造	16	8.74	3.11	4.05	0.47	4.39
农药制造	4	6.18	2.34	2.69	0.35	3.75
涂料、油墨、颜料及类似产品制造	3	1.35	0.28	0.88	0.18	0.94
专用化学产品制造	6	3.41	0.52	0.75	0.21	1.15
日用化学产品制造	3	7.64	3.43	4.31	0.86	2.04

经济指标(大、中类行业)

单位：亿元

应收账款	存货	产成品	负债合计	流动负债合计	应付账款	所有者权益合计	实收资本	国家资本	集体资本
140.46	**102.59**	**52.01**	**598.82**	**442.32**	**99.01**	**344.72**	**233.73**	**6.09**	**8.89**
10.04	**2.73**	**2.11**	**23.98**	**20.28**	**3.22**	**23.52**	**17.53**		**0.24**
1.31	0.81	0.67	9.10	5.95	1.06	8.29	8.43		
1.31	0.81	0.67	9.10	5.95	1.06	8.29	8.43		
4.44	1.02	0.69	6.71	6.69	0.73	8.76	3.20		
4.44	1.02	0.69	6.71	6.69	0.73	8.76	3.20		
1.82	0.81	0.69	3.40	3.30	0.56	3.69	3.51		0.24
1.63	0.54	0.42	2.77	2.67	0.97	2.97	2.51		0.24
2.39	0.02		3.48	3.16	0.71	3.11	2.30		
2.39	0.02		3.48	3.16	0.71	3.11	2.30		
114.11	**99.13**	**49.82**	**429.32**	**362.27**	**82.01**	**279.34**	**175.86**	**0.68**	**6.65**
13.86	17.44	12.46	52.63	45.63	9.55	51.13	32.14		0.69
0.59	1.90	0.67	5.56	4.27	0.43	2.13	1.51		
1.18	1.91	1.08	5.57	4.29	1.28	4.42	3.97		
0.12	0.15	0.11	0.59	0.52	0.24	1.12	0.28		
0.16	1.48	1.54	3.02	3.02	2.01	1.54	1.06		
7.15	4.81	3.95	18.15	15.38	2.17	20.05	10.84		0.69
1.66	1.82	1.48	6.07	5.60	1.68	4.85	2.79		
3.01	5.37	3.62	13.67	12.56	1.75	17.02	11.69		
3.60	4.95	1.25	15.47	12.90	1.36	13.14	7.35		
0.46	0.17	0.04	0.73	0.62	0.19	1.16	0.33		
1.09	1.91	0.53	6.55	4.70	-0.23	3.28	2.59		
0.38	0.48	0.19	1.58	1.55	0.22	1.43	0.92		
0.56	1.76	0.98	3.60	3.54	0.49	3.62	1.40		0.16
0.31	1.55	0.83	2.59	2.59	0.22	1.70	0.74		
0.26	0.21	0.14	1.02	0.95	0.27	1.92	0.65		0.16
0.28	0.72	0.42	8.40	7.93	1.79	0.79	1.07		0.02
0.28	0.43	0.31	2.86	2.79	1.46	0.02	0.07		0.02
0.51	0.38	0.21	1.02	1.00	0.17	1.94	0.52		
0.29	0.36	0.20	0.72	0.70	0.17	1.51	0.09		
0.83	2.18	1.21	8.08	5.53	0.98	5.47	3.39		0.30
0.57	1.70	1.15	5.08	4.52	0.69	4.06	2.19		0.30
0.48	0.48	0.09	4.30	4.25	0.43	1.59	1.27		
0.46	0.45	0.09	4.26	4.25	0.43	1.31	1.01		
1.10	2.69	1.16	5.56	3.61	0.17	1.14	1.53		
5.90	9.08	4.45	45.98	34.07	6.06	20.27	14.69	0.55	0.61
4.17	4.60	2.23	30.96	22.68	4.23	7.98	7.20	0.54	0.61
0.52	2.46	1.31	4.74	4.49	1.00	4.00	3.17		
0.28	0.25	0.25	4.58	3.29	0.35	1.60	1.79		
0.02	0.36	0.13	0.90	0.90	0.17	0.45	0.20		
0.26	0.29	0.25	1.03	0.85	0.25	2.39	2.10		
0.66	1.12	0.28	3.78	1.85	0.06	3.86	0.23	0.01	

1-A-8 续表 1

行业	企业单位数（个）	资产总计	固定资产净额	固定资产原价	累计折旧	流动资产合计
医药制造业	51	73.23	10.27	14.87	4.46	47.10
化学药品原料药制造	3	5.47	1.10	1.93	0.83	3.74
中药饮片加工	35	30.69	2.83	3.78	0.81	20.89
中成药生产	7	31.97	3.88	6.16	2.29	20.45
生物药品制品制造	4	2.44	0.89	0.99	0.10	1.37
橡胶和塑料制品业	45	35.11	10.38	13.45	2.57	21.05
塑料制品业	43	34.43	10.14	12.94	2.29	20.68
非金属矿物制品业	123	152.97	44.80	70.28	24.19	90.01
水泥、石灰和石膏制造	11	42.93	16.41	27.77	10.46	20.06
石膏、水泥制品及类似制品制造	73	59.39	9.20	18.14	8.59	45.41
砖瓦、石材等建筑材料制造	19	10.93	5.10	6.46	1.33	4.73
玻璃制造	3	4.73	1.47	1.92	0.44	2.01
陶瓷制品制造	5	9.27	4.67	5.41	0.74	1.23
石墨及其他非金属矿物制品制造	12	25.73	7.95	10.58	2.63	16.57
黑色金属冶炼和压延加工业	11	28.09	5.67	10.30	4.63	18.32
钢压延加工	5	22.58	4.56	7.65	3.09	14.43
铁合金冶炼	6	5.50	1.11	2.65	1.54	3.89
有色金属冶炼和压延加工业	16	51.82	16.78	25.12	6.73	21.64
常用有色金属冶炼	3	17.26	5.43	7.65	0.85	2.98
有色金属合金制造	3	2.78	0.46	0.67	0.14	0.94
有色金属压延加工	9	20.47	9.39	11.24	1.67	9.55
金属制品业	36	26.19	3.94	5.55	1.54	17.06
结构性金属制品制造	20	11.49	2.06	2.66	0.55	7.00
集装箱及金属包装容器制造	3	1.44	0.21	0.47	0.26	0.68
铸造及其他金属制品制造	8	8.91	1.19	1.72	0.51	6.11
通用设备制造业	5	6.89	1.25	1.62	0.37	5.09
锅炉及原动设备制造	3	6.12	1.17	1.52	0.35	4.70
专用设备制造业	14	23.89	5.55	7.44	1.88	14.63
农、林、牧、渔专用机械制造	5	1.98	0.56	0.75	0.19	1.16
医疗仪器设备及器械制造	4	11.91	3.57	4.96	1.38	6.78
废弃资源综合利用业	6	14.11	2.34	3.67	1.33	8.57
金属废料和碎屑加工处理	3	10.25	1.57	2.76	1.19	5.79
非金属废料和碎屑加工处理	3	3.86	0.77	0.91	0.14	2.78
电力、热力、燃气及水生产和供应业	**48**	**187.37**	**92.94**	**133.31**	**30.65**	**59.30**
电力、热力生产和供应业	40	171.31	88.25	127.47	29.70	54.57
电力生产	28	119.98	70.32	101.86	23.73	31.15
热力生产和供应	12	51.33	17.93	25.61	5.97	23.42
燃气生产和供应业	6	10.43	3.74	4.77	0.83	3.83
燃气生产和供应业	6	10.43	3.74	4.77	0.83	3.83

单位：亿元

应收账款	存货	产成品	负债合计	流动负债合计	应付账款	所有者权益合计	实收资本	国家资本	集体资本
8.49	11.61	3.78	45.16	33.90	4.86	28.07	13.15		1.81
1.15	1.77	0.82	2.96	2.92	1.65	2.51	1.00		0.35
5.05	6.98	2.27	18.64	14.06	1.43	12.05	5.04		0.01
1.89	2.00	0.35	19.53	14.06	1.11	12.43	6.12		1.45
0.21	0.50	0.07	1.75	1.75	0.33	0.69	0.28		
7.44	5.11	3.36	17.21	16.06	3.09	17.90	11.93		1.72
7.24	5.05	3.34	16.77	15.73	2.92	17.66	11.73		1.72
39.21	17.10	6.85	98.49	87.80	31.83	54.48	37.21		0.57
5.52	4.02	1.95	28.67	25.38	7.04	14.26	13.45		
28.77	4.23	0.65	41.15	40.04	21.53	18.24	13.08		0.57
1.35	1.19	0.69	5.86	5.29	1.04	5.07	3.39		
0.57	0.80	0.09	1.99	1.59	0.36	2.74	0.20		
-0.38	0.90	0.77	8.16	3.77	0.53	1.10	1.39		
3.39	5.96	2.69	12.65	11.73	1.33	13.08	5.71		
1.61	5.15	1.60	20.97	20.17	5.35	7.11	4.36		
1.33	3.00	0.28	15.27	14.48	2.20	7.31	3.16		
0.28	2.15	1.33	5.70	5.70	3.15	-0.20	1.20		
2.27	6.35	4.14	34.44	32.33	3.99	17.39	17.77		
0.07	1.71	1.35	11.26	9.77	1.97	6.00	7.39		
0.07	0.52	0.48	2.09	1.88	-0.04	0.68	0.47		
2.14	3.95	2.31	11.12	10.72	0.53	9.35	9.61		
3.90	3.98	1.41	16.87	13.18	1.65	9.32	7.57	0.13	0.55
1.13	1.78	0.68	8.27	6.98	1.10	3.22	3.02		0.45
0.08	0.16	0.03	0.65	0.58	0.23	0.79	0.52		
2.55	1.18	0.35	5.97	3.67	0.48	2.94	1.50	0.13	0.10
0.86	0.88	0.46	3.73	3.73	1.17	3.16	2.29		
0.85	0.79	0.42	3.44	3.44	1.09	2.68	1.79		
6.97	2.35	1.34	8.50	7.18	1.51	15.39	4.81		0.08
0.18	0.42	0.38	0.38	0.35	0.03	1.60	0.18		
2.98	0.52	0.18	1.52	1.43	0.22	10.39	2.94		0.08
4.46	1.06	0.89	8.70	6.32	0.51	5.41	0.83		
3.84	0.31	0.16	6.44	4.18	0.47	3.81	0.41		
0.62	0.75	0.73	2.26	2.14	0.05	1.60	0.42		
16.30	**0.74**	**0.08**	**145.52**	**59.77**	**13.78**	**41.86**	**40.34**	**5.41**	**2.00**
15.35	0.46	0.04	135.64	55.18	13.45	35.67	36.70	2.85	2.00
13.33	0.14		85.06	36.46	7.52	34.92	32.11	2.85	0.50
2.02	0.32	0.04	50.58	18.71	5.93	0.75	4.59		1.50
0.63	0.26	0.04	7.84	2.78	0.30	2.59	0.86		
0.63	0.26	0.04	7.84	2.78	0.30	2.59	0.86		

1-A-8 续表 2

行 业					营业收入	营业成本
	法人资本	个人资本	港澳台资本	外商资本		
总 计	**133.57**	**85.09**			**541.48**	**466.55**
采矿业	**6.15**	**11.14**			**21.17**	**14.72**
煤炭开采和洗选业	3.17	5.26			6.68	5.29
烟煤和无烟煤开采洗选	3.17	5.26			6.68	5.29
有色金属矿采选业	1.12	2.07			5.46	2.86
常用有色金属矿采选	1.12	2.07			5.46	2.86
非金属矿采选业	0.40	2.86			4.05	2.53
土砂石开采		2.26			3.46	2.21
开采专业及辅助性活动	1.45	0.85			4.56	3.71
石油和天然气开采专业及辅助性活动	1.45	0.85			4.56	3.71
制造业	**100.18**	**68.24**			**492.20**	**431.56**
农副食品加工业	16.10	15.35			77.47	69.70
谷物磨制	0.55	0.96			8.99	8.33
饲料加工	1.38	2.60			8.50	7.76
植物油加工		0.28			2.35	2.07
制糖业	0.67	0.39			3.06	2.78
屠宰及肉类加工	6.43	3.72			35.94	33.17
蔬菜、菌类、水果和坚果加工	1.06	1.73			4.48	3.79
其他农副食品加工	6.01	5.68			14.14	11.82
食品制造业	6.40	0.95			24.75	17.13
糖果、巧克力及蜜饯制造	0.10	0.23			0.91	0.80
乳制品制造	2.04	0.55			5.16	4.32
调味品、发酵制品制造	0.81	0.11			2.34	1.98
酒、饮料和精制茶制造业	0.41	0.83			3.58	3.00
酒的制造	0.31	0.43			1.96	1.61
饮料制造	0.09	0.40			1.61	1.39
纺织业	1.01	0.04			4.06	3.90
毛纺织及染整精加工	0.01	0.04			0.89	0.80
皮革、毛皮、羽毛及其制品和制鞋业	0.52				1.59	1.37
制鞋业	0.09				0.98	0.81
造纸和纸制品业	0.80	2.29			9.09	8.64
纸制品制造	0.80	1.09			7.57	7.23
印刷和记录媒介复制业	0.37	0.90			1.64	1.47
印刷	0.11	0.90			1.40	1.24
石油、煤炭及其他燃料加工业	0.34	1.19			6.48	6.25
化学原料和化学制品制造业	7.54	5.99			36.37	30.31
基础化学原料制造	4.72	1.33			21.54	18.06
肥料制造	1.83	1.34			5.69	4.80
农药制造	0.50	1.29			3.59	3.03
涂料、油墨、颜料及类似产品制造	0.10	0.10			1.26	1.00
专用化学产品制造	0.27	1.83			3.13	2.71
日用化学产品制造	0.12	0.10			1.17	0.70

单位：亿元

销售费用	管理费用	财务费用			投资收益（损失以"–"号记）	营业利润	利润总额	亏损企业亏损额	平均用工人数（万人）
			利息收入	利息支出					
16.90	**22.69**	**15.98**	**0.93**	**14.98**	**0.10**	**15.26**	**20.39**	**10.62**	**6.26**
0.85	**1.77**	**0.43**		**0.43**	**0.04**	**2.97**	**2.94**	**0.40**	**0.41**
0.32	0.57	0.14		0.14		0.19	0.19	0.12	0.14
0.32	0.57	0.14		0.14		0.19	0.19	0.12	0.14
0.01	0.60	0.10		0.10	0.04	1.79	1.78	0.09	0.08
0.01	0.60	0.10		0.10	0.04	1.79	1.78	0.09	0.08
0.43	0.25	0.15		0.14		0.62	0.60	0.11	0.06
0.29	0.19	0.07		0.07		0.62	0.60	0.10	0.05
0.04	0.32	0.04		0.04		0.40	0.40	0.01	0.12
0.04	0.32	0.04		0.04		0.40	0.40	0.01	0.12
15.56	**19.52**	**11.03**	**0.78**	**10.28**	**0.05**	**11.92**	**16.46**	**7.97**	**5.58**
1.80	2.58	1.69	0.08	1.66		1.58	2.52	1.36	1.06
0.13	0.26	0.31	0.05	0.31	-0.01	-0.07	-0.05	0.17	0.06
0.23	0.34	0.17		0.17		-0.01	0.26	0.14	0.08
0.12	0.07	0.05		0.05		0.03	0.06	0.01	0.01
0.08	0.14	0.02		0.02		0.01	0.01	0.14	0.06
0.38	0.72	0.69	0.02	0.66		0.98	1.30	0.53	0.22
0.10	0.16	0.11		0.10		0.33	0.42	0.09	0.40
0.77	0.88	0.34		0.34		0.30	0.51	0.28	0.23
2.63	0.85	0.41	0.13	0.26		3.56	3.78	0.44	0.47
0.02	0.03	0.03		0.03		0.03	0.03		0.04
0.51	0.31	0.26	0.13	0.12		-0.26	-0.22	0.35	0.07
0.06	0.07	0.04		0.04		0.18	0.18		0.02
0.18	0.09	0.11		0.11		0.13	0.18	0.05	0.06
0.13	0.06	0.09		0.09		0.02	0.03	0.03	0.05
0.05	0.04	0.02		0.02		0.11	0.15	0.02	0.02
0.06	0.11	0.20	0.02	0.19		-0.22	-0.12	0.18	0.09
0.01	0.02	0.11		0.10		-0.05	-0.03	0.09	0.02
0.04	0.09	0.03		0.02		0.06	0.06		0.07
0.03	0.08	0.02		0.02		0.04	0.04		0.06
0.09	0.26	0.21		0.21		-0.18	-0.26	0.36	0.16
0.09	0.19	0.14		0.13		-0.13	0.07	0.03	0.12
0.03	0.11	0.05		0.04		-0.03	-0.03	0.07	0.05
0.03	0.11	0.04		0.04		-0.04	-0.04	0.07	0.05
0.17	0.09	0.09		0.09		-0.15	-0.15	0.15	0.03
1.16	2.45	1.45		1.49		0.62	1.00	1.09	0.47
0.68	1.22	0.87		0.93		0.41	0.66	0.81	0.27
0.13	0.40	0.15		0.15		0.17	0.20	0.01	0.06
0.07	0.43	0.18		0.17		-0.14	-0.14	0.24	0.05
0.03	0.09	0.05		0.05		0.09	0.09		0.03
0.11	0.22	0.03		0.03		0.05	0.08	0.03	0.03
0.14	0.10	0.16		0.16		0.05	0.11		0.04

1-A-8 续表 3

行 业	法人资本	个人资本	港澳台资本	外商资本	营业收入	营业成本
医药制造业	7.96	3.39			29.17	23.64
化学药品原料药制造	0.05	0.60			5.86	5.27
中药饮片加工	3.32	1.71			13.77	11.64
中成药生产	4.41	0.26			6.91	4.53
生物药品制品制造	0.13	0.15			1.04	0.84
橡胶和塑料制品业	4.70	5.50			24.34	21.15
塑料制品业	4.60	5.41			23.56	20.46
非金属矿物制品业	26.09	10.56			87.99	74.20
水泥、石灰和石膏制造	13.30	0.15			16.65	13.92
石膏、水泥制品及类似制品制造	5.47	7.04			35.52	30.69
砖瓦、石材等建筑材料制造	1.44	1.95			6.68	5.66
玻璃制造	0.19	0.01			1.70	1.41
陶瓷制品制造	1.10	0.28			1.63	1.36
石墨及其他非金属矿物制品制造	4.58	1.13			25.81	21.17
黑色金属冶炼和压延加工业	0.86	3.50			53.59	51.39
钢压延加工		3.16			44.28	42.72
铁合金冶炼	0.86	0.34			9.31	8.67
有色金属冶炼和压延加工业	10.18	7.50			50.11	47.43
常用有色金属冶炼	6.89	0.50			10.18	9.99
有色金属合金制造		0.37			9.27	9.14
有色金属压延加工	2.98	6.63			28.03	25.95
金属制品业	3.28	3.62			19.15	17.42
结构性金属制品制造	0.73	1.84			5.32	4.88
集装箱及金属包装容器制造	0.12	0.40			0.87	0.77
铸造及其他金属制品制造	0.08	1.19			9.37	8.59
通用设备制造业	0.79	1.50			1.65	1.53
锅炉及原动设备制造	0.79	1.00			1.17	1.09
专用设备制造业	4.01	0.72			7.62	4.81
农、林、牧、渔专用机械制造	0.17	0.01			0.56	0.44
医疗仪器设备及器械制造	2.39	0.47			3.73	1.44
废弃资源综合利用业	0.31	0.51			2.88	2.69
金属废料和碎屑加工处理	0.23	0.18			1.33	1.35
非金属废料和碎屑加工处理	0.08	0.34			1.54	1.34
电力、热力、燃气及水生产和供应业	**27.24**	**5.70**			**28.11**	**20.28**
电力、热力生产和供应业	27.24	4.62			22.61	16.28
电力生产	25.76	3.01			12.86	7.04
热力生产和供应	1.48	1.61			9.75	9.23
燃气生产和供应业		0.86			4.26	3.25
燃气生产和供应业		0.86			4.26	3.25

单位：亿元

销售费用	管理费用	财务费用			投资收益（损失以"–"号记）	营业利润	利润总额	亏损企业亏损额	平均用工人数（万人）
			利息收入	利息支出					
1.33	1.78	1.26	0.28	1.11	0.09	1.11	1.35	0.08	0.43
0.14	0.22	0.03		0.04		0.18	0.20	0.04	0.06
0.52	0.59	0.47	0.28	0.31		0.50	0.53	0.01	0.16
0.60	0.73	0.65		0.66	0.09	0.43	0.55	0.01	0.15
0.03	0.07	0.04		0.03		0.05	0.05	0.01	0.02
0.91	1.15	0.34		0.30		0.63	0.77	0.21	0.27
0.88	1.10	0.33		0.30		0.63	0.74	0.21	0.26
3.24	4.03	2.52	0.02	2.33	0.02	3.36	3.63	0.90	1.01
0.97	0.97	0.85		0.76		-0.30	-0.08	0.35	0.22
1.16	1.83	0.52	-0.02	0.51	0.01	1.14	1.12	0.21	0.44
0.27	0.35	0.17		0.17		0.18	0.20		0.10
0.10	0.09	0.04		0.04		0.05	0.05		0.03
0.04	0.15	0.30		0.28		-0.23	-0.20	0.23	0.10
0.69	0.65	0.64	0.03	0.57		2.52	2.54	0.10	0.12
0.44	0.79	0.41	0.01	0.41		0.42	0.43	0.09	0.29
0.26	0.65	0.34	0.01	0.35		0.20	0.20	0.05	0.22
0.18	0.14	0.07		0.07		0.21	0.23	0.04	0.07
0.74	1.38	0.85	0.13	0.74		-0.52	-0.11	1.57	0.24
0.20	0.49	0.22	0.01	0.21		-0.75	-0.75	1.23	0.03
0.13	0.07	0.08		0.09		-0.18	-0.18	0.20	0.02
0.41	0.59	0.17	0.02	0.15		0.81	0.83	0.13	0.18
0.36	0.79	0.51	0.02	0.49	-0.04	-0.05	0.11	0.51	0.22
0.08	0.27	0.23		0.22	-0.05	-0.21	-0.15	0.33	0.10
0.02	0.06	0.01		0.01		0.01	0.01		0.02
0.15	0.31	0.20	0.01	0.19	0.01	0.09	0.16	0.16	0.06
0.03	0.14	0.01		0.01		-0.09	-0.10	0.11	0.04
0.03	0.09					-0.06	-0.08	0.09	0.03
0.50	0.78	0.19	0.01	0.18	-0.01	1.20	2.67	0.02	0.19
0.04	0.05	0.03		0.01		0.01	0.01	0.02	0.02
0.37	0.53	0.02	0.01	0.02		1.26	1.26		0.11
0.06	0.25	0.26		0.25		-0.41	-0.41	0.45	0.05
0.02	0.20	0.20		0.19		-0.45	-0.44	0.44	0.04
0.04	0.05	0.06		0.06		0.04	0.04	0.01	0.01
0.49	**1.39**	**4.51**	**0.15**	**4.27**		**0.38**	**1.00**	**2.25**	**0.27**
0.17	1.09	4.30	0.15	4.08		-0.27	0.34	2.20	0.22
0.07	0.58	3.44	0.26	3.14		0.71	0.94	1.36	0.10
0.10	0.51	0.87	-0.11	0.94		-0.99	-0.60	0.84	0.12
0.32	0.31	0.15		0.13		0.23	0.24	0.05	0.04
0.32	0.31	0.15		0.13		0.23	0.24	0.05	0.04

1-A-9 外商投资和港澳台商投资工业

行　业	企　业 单位数 （个）	资产总计				
			固定资产 净　额	固定资产 原　价	累计折旧	流动资产 合　计
总　计	**43**	**408.38**	**208.49**	**333.54**	**121.98**	**153.33**
制造业	**25**	**151.74**	**22.94**	**46.24**	**20.23**	**102.11**
农副食品加工业	5	11.46	2.25	8.87	4.06	5.63
酒、饮料和精制茶制造业	6	27.92	9.50	17.66	8.14	16.23
酒的制造	3	11.73	2.53	6.64	4.10	7.80
饮料制造	3	16.19	6.98	11.02	4.04	8.43
电力、热力、燃气及水生产和供应业	**17**	**208.70**	**152.41**	**252.43**	**100.02**	**42.58**
电力、热力生产和供应业	15	187.95	139.23	222.61	83.38	39.80
电力生产	15	187.95	139.23	222.61	83.38	39.80

1-A-9　续表

行　业					营业收入	营业成本
	法人资本	个人资本	港澳台资本	外商资本		
总　计	**27.13**	**0.05**	**15.05**	**17.31**	**271.62**	**242.74**
制造业	**16.54**		**8.03**	**5.25**	**226.77**	**210.66**
农副食品加工业	5.09		0.05	1.19	14.44	11.50
酒、饮料和精制茶制造业	4.69			3.55	24.94	18.20
酒的制造	1.34			3.55	11.06	7.49
饮料制造	3.35				13.88	10.71
电力、热力、燃气及水生产和供应业	**4.42**		**5.03**	**12.05**	**39.13**	**30.41**
电力、热力生产和供应业	4.39		1.12	12.05	33.86	26.15
电力生产	4.39		1.12	12.05	33.86	26.15

企业主要经济指标(大、中类行业)

单位：亿元

应收账款	存货	产成品	负债合计	流动负债合计	应付账款	所有者权益合计	实收资本	国家资本	集体资本
30.47	**16.96**	**4.45**	**232.82**	**131.91**	**19.88**	**175.56**	**127.96**	**67.60**	**0.81**
9.92	**15.01**	**4.30**	**82.82**	**72.00**	**11.10**	**68.92**	**33.46**	**2.83**	**0.81**
0.52	3.50	0.78	5.02	4.92	1.32	6.44	6.71	0.37	
6.53	2.63	0.48	7.98	7.93	0.94	19.94	8.24		
0.05	1.96	0.10	2.92	2.90	0.78	8.81	4.89		
6.48	0.67	0.38	5.06	5.04	0.16	11.13	3.35		
20.55	**1.69**	**0.06**	**109.86**	**35.14**	**8.30**	**98.84**	**86.27**	**64.77**	
20.37	1.64	0.06	107.23	33.16	8.07	80.72	75.17	57.60	
20.37	1.64	0.06	107.23	33.16	8.07	80.72	75.17	57.60	

单位：亿元

销售费用	管理费用	财务费用	利息收入	利息支出	投资收益(损失以“-”号记)	营业利润	利润总额	亏损企业亏损额	平均用工人数(万人)
7.79	**6.53**	**7.18**	**0.11**	**7.63**	**-0.11**	**6.00**	**5.93**	**4.50**	**1.06**
7.74	**4.13**	**0.70**	**-0.09**	**1.19**	**-0.02**	**2.21**	**2.38**	**1.57**	**0.66**
1.06	1.07	0.06	0.02	0.10	-0.01	0.63	0.72	0.04	0.12
4.60	1.00	-0.42				0.56	0.58	0.45	0.25
2.44	0.64	-0.21	0.21			-0.14	-0.12	0.45	0.18
2.16	0.36	-0.21	-0.21			0.70	0.70		0.07
0.04	**1.09**	**4.32**	**0.12**	**4.20**	**-0.09**	**3.33**	**3.09**	**2.93**	**0.35**
	0.05	4.27	0.11	4.18		3.56	3.27	2.75	0.16
	0.05	4.27	0.11	4.18		3.56	3.27	2.75	0.16

1-A-10 大中型工业企业主要

行业	企业单位数（个）	资产总计	固定资产净额	固定资产原价	累计折旧	流动资产合计
总 计	**236**	**8420.19**	**3008.64**	**5807.20**	**2648.16**	**3100.18**
采矿业	**26**	**1231.93**	**232.91**	**515.57**	**247.82**	**211.25**
煤炭开采和洗选业	14	354.04	131.91	311.69	173.02	147.60
烟煤和无烟煤开采洗选	14	354.04	131.91	311.69	173.02	147.60
黑色金属矿采选业	3	46.62	11.63	47.35	14.43	7.07
有色金属矿采选业	4	59.52	33.66	41.66	5.53	13.43
常用有色金属矿采选	4	59.52	33.66	41.66	5.53	13.43
制造业	**183**	**6076.04**	**2061.53**	**3756.28**	**1600.27**	**2657.84**
农副食品加工业	9	65.26	24.93	33.08	7.90	24.48
其他农副食品加工	3	7.23	3.21	4.15	0.94	3.08
食品制造业	4	27.82	6.49	11.98	5.48	14.65
酒、饮料和精制茶制造业	11	73.38	25.06	40.06	14.95	36.74
酒的制造	9	62.48	22.18	34.37	12.14	29.17
纺织业	3	27.55	6.29	8.25	1.96	6.06
印刷和记录媒介复制业	3	3.30	1.17	3.98	2.81	1.90
印刷	3	3.30	1.17	3.98	2.81	1.90
石油、煤炭及其他燃料加工业	9	468.34	236.42	689.12	377.18	176.86
精炼石油产品制造	5	325.77	127.58	516.40	313.61	149.73
煤炭加工	3	38.76	27.62	28.83	1.21	8.27
化学原料和化学制品制造业	22	237.88	80.19	159.68	74.65	82.40
基础化学原料制造	9	101.74	17.63	46.21	25.60	33.25
肥料制造	4	47.87	33.15	49.37	16.18	11.58
专用化学产品制造	3	11.64	6.37	13.19	6.82	4.27
医药制造业	13	137.08	32.35	48.81	16.46	83.95
中成药生产	5	49.80	16.32	18.79	2.47	27.36
生物药品制品制造	3	69.92	11.71	23.28	11.57	45.79
非金属矿物制品业	27	341.05	112.33	184.53	71.52	170.34
水泥、石灰和石膏制造	16	159.99	83.92	137.51	52.94	53.76
石膏、水泥制品及类似制品制造	4	8.93	1.04	4.34	3.31	4.32
石墨及其他非金属矿物制品制造	4	160.86	23.24	37.76	14.50	106.99
黑色金属冶炼和压延加工业	9	1250.03	508.58	930.14	416.35	364.01
钢压延加工	4	1214.19	497.14	905.46	403.14	341.84
铁合金冶炼	4	29.29	7.87	18.34	10.45	20.36
有色金属冶炼和压延加工业	22	2254.13	780.63	1247.53	461.58	989.81
常用有色金属冶炼	10	2044.08	719.49	1153.83	429.52	874.73
贵金属冶炼	4	46.92	17.37	29.06	11.52	22.81
有色金属压延加工	5	71.34	28.15	42.90	14.42	35.01
金属制品业	3	33.97	2.02	3.96	1.94	17.57
通用设备制造业	13	116.16	12.40	23.17	9.99	81.08
锅炉及原动设备制造	3	11.59	2.49	5.70	3.18	8.67
泵、阀门、压缩机及类似机械制造	4	24.74	3.40	5.65	2.25	19.03
专用设备制造业	11	246.04	64.69	82.81	17.53	158.77
采矿、冶金、建筑专用设备制造	4	195.80	57.61	70.73	13.11	123.45
化工、木材、非金属加工专用设备制造	3	29.76	3.59	6.54	2.37	20.43
电气机械和器材制造业	6	106.34	10.77	18.76	7.99	55.53
输配电及控制设备制造	3	38.60	6.02	9.80	3.78	31.03
计算机、通信和其他电子设备制造业	4	208.84	66.82	107.44	40.38	64.79
金属制品、机械和设备修理业	3	44.80	5.49	10.10	4.32	24.04
电力、热力、燃气及水生产和供应业	**27**	**1112.22**	**714.20**	**1535.35**	**800.06**	**231.10**
电力、热力生产和供应业	22	1050.55	684.21	1475.78	770.48	208.11
电力生产	16	492.06	243.90	573.93	309.04	168.32
热力生产和供应	5	43.29	13.17	24.88	11.60	15.63
水的生产和供应业	3	22.93	15.17	32.81	17.64	2.69
自来水生产和供应	3	22.93	15.17	32.81	17.64	2.69

经济指标(大、中类行业)

单位：亿元

应收账款	存货	产成品	负债合计	流动负债合计	应付账款	所有者权益合计	实收资本	国家资本	集体资本
407.74	**999.14**	**278.68**	**5381.92**	**3784.09**	**844.02**	**3038.27**	**1403.72**	**994.79**	**65.28**
17.33	**20.48**	**13.65**	**635.33**	**311.39**	**84.10**	**596.60**	**96.45**	**45.77**	**0.71**
10.24	14.25	10.61	175.25	151.42	24.17	178.80	84.49	44.67	0.71
10.24	14.25	10.61	175.25	151.42	24.17	178.80	84.49	44.67	0.71
0.22	1.26	0.94	35.37	35.27	5.03	11.25	1.39	1.02	
0.89	0.90	0.39	47.73	31.02	1.38	11.79	10.42	0.08	
0.89	0.90	0.39	47.73	31.02	1.38	11.79	10.42	0.08	
343.81	**965.93**	**264.45**	**3883.35**	**2982.95**	**623.34**	**2192.68**	**1082.95**	**789.61**	**64.12**
1.30	6.21	1.82	29.08	16.47	3.83	36.18	10.60	0.09	
0.37	1.35	0.91	6.68	6.57	0.69	0.56	2.11		
2.20	1.89	0.21	10.50	9.96	2.05	17.32	5.98		
3.31	17.84	5.45	33.61	26.90	6.35	39.77	14.75	2.44	0.20
1.97	13.06	3.15	25.33	19.77	5.09	37.15	13.23	1.34	0.20
0.81	1.81	0.67	11.66	10.78	1.09	15.89	4.96	2.66	0.07
0.45	0.85	0.12	4.43	4.17	0.90	-1.13	0.60	0.33	
0.45	0.85	0.12	4.43	4.17	0.90	-1.13	0.60	0.33	
2.32	66.42	22.83	238.35	148.77	34.00	229.99	113.45	102.15	
1.18	52.20	15.52	142.92	112.04	28.47	182.85	73.20	73.20	
0.77	3.38	3.16	29.72	24.93	3.75	9.04	11.30		
18.51	19.54	7.37	128.51	99.59	23.26	109.37	65.85	50.90	2.98
3.25	7.82	2.58	47.68	42.91	6.91	54.06	41.61	32.14	
1.80	4.72	1.59	38.68	23.53	7.76	9.18	13.53	13.10	
1.10	1.27	1.08	8.14	7.94	2.51	3.50	1.64		1.73
12.77	15.01	5.78	50.07	33.14	12.61	87.00	30.69	21.86	0.35
2.53	3.46	1.28	26.05	15.21	5.03	23.75	8.78	3.39	
6.47	6.06	2.49	14.13	9.61	1.47	55.79	19.42	18.47	
19.53	31.38	8.29	146.50	132.54	26.27	194.56	66.31	26.39	0.78
9.56	12.67	3.54	87.33	74.63	19.57	72.67	35.06	21.05	0.53
2.29	0.51	0.30	5.44	5.43	2.05	3.50	2.79	0.05	0.25
7.05	17.20	3.71	43.69	42.48	2.89	117.17	27.77	5.29	
15.42	159.99	50.76	962.72	811.12	167.33	287.31	193.85	189.11	1.97
10.40	154.39	47.56	932.02	782.16	160.76	282.18	187.77	186.17	
4.95	4.51	3.06	26.08	25.02	5.44	3.20	5.27	2.30	1.97
113.59	388.63	129.07	1497.45	1076.67	160.22	756.69	396.43	295.75	3.03
90.34	349.24	106.58	1363.33	951.91	138.25	680.75	360.71	272.47	0.03
3.37	10.07	0.06	34.62	34.21	4.06	12.29	5.56	2.36	3.00
11.54	13.73	11.45	45.23	40.35	12.64	26.11	16.80	14.58	
6.24	2.35	1.17	13.97	12.83	1.91	20.00	4.47	2.37	0.10
15.10	27.83	5.04	91.70	66.10	29.10	24.46	5.75	1.89	0.99
4.71	1.44	0.59	6.64	6.64	1.75	4.95	1.60	1.00	0.50
2.35	11.14	1.05	20.69	13.39	4.72	4.05	1.97	0.40	
53.42	53.27	9.54	191.96	182.08	33.09	54.08	32.67	20.31	
36.57	45.73	8.32	165.57	158.06	26.52	30.24	21.93	17.05	
9.48	4.86	0.33	17.55	16.13	3.21	12.21	6.56	1.84	
22.17	13.72	5.61	69.14	35.79	10.11	37.20	10.20	6.11	0.02
15.50	9.23	2.73	22.23	19.53	8.61	16.37	5.15	5.10	0.02
14.69	20.02	4.27	98.28	70.98	21.68	110.56	59.09	5.14	53.37
7.61	5.47	0.40	30.36	20.63	8.64	14.44	7.45	7.45	
46.60	**12.73**	**0.58**	**863.23**	**489.75**	**136.59**	**248.99**	**224.32**	**159.40**	**0.45**
46.14	12.13	0.54	828.52	458.31	133.27	222.03	204.55	143.55	0.45
35.07	11.00	0.54	450.40	230.49	48.92	41.66	106.31	50.64	0.45
1.36	0.44		35.98	22.70	6.07	7.31	6.90	1.56	
0.34	0.07		3.71	2.52	0.61	19.22	12.29	8.38	
0.34	0.07		3.71	2.52	0.61	19.22	12.29	8.38	

1-A-10 续表

行业					营业收入	营业成本
	法人资本	个人资本	港澳台资本	外商资本		
总　计	**269.42**	**55.73**	**6.31**	**12.19**	**7422.72**	**6365.93**
采矿业	**31.10**	**16.87**	**2.00**		**474.76**	**294.17**
煤炭开采和洗选业	22.29	16.82			168.33	110.11
烟煤和无烟煤开采洗选	22.29	16.82			168.33	110.11
黑色金属矿采选业	0.36				17.28	13.20
有色金属矿采选业	8.30	0.05	2.00		11.08	4.33
常用有色金属矿采选	8.30	0.05	2.00		11.08	4.33
制造业	**184.97**	**38.86**	**0.40**	**5.00**	**6259.05**	**5400.10**
农副食品加工业	0.43	9.19	0.05	0.84	35.31	29.82
其他农副食品加工	0.20	1.91			2.61	2.29
食品制造业	4.66	0.97	0.35		31.31	22.07
酒、饮料和精制茶制造业	7.01	1.42		3.69	55.82	34.93
酒的制造	6.73	1.42		3.55	45.11	27.40
纺织业	1.00	1.23			7.15	6.37
印刷和记录媒介复制业	0.27				1.83	1.59
印刷	0.27				1.83	1.59
石油、煤炭及其他燃料加工业	10.00	1.30			953.85	678.47
精炼石油产品制造					907.45	642.85
煤炭加工	10.00	1.30			28.47	23.85
化学原料和化学制品制造业	11.12	0.81		0.04	168.11	137.21
基础化学原料制造	8.66	0.81			91.14	82.66
肥料制造	0.44				26.93	23.73
专用化学产品制造	-0.09				9.93	8.58
医药制造业	4.48	4.00			65.88	32.51
中成药生产	3.38	2.01			12.03	6.51
生物药品制品制造	0.80	0.15			31.92	7.41
非金属矿物制品业	38.68	0.47			212.29	122.11
水泥、石灰和石膏制造	13.48				83.85	63.55
石膏、水泥制品及类似制品制造	2.02	0.47			6.47	5.00
石墨及其他非金属矿物制品制造	22.48				113.78	45.91
黑色金属冶炼和压延加工业	1.16	1.60			1137.14	1048.60
钢压延加工		1.60			1091.68	1006.98
铁合金冶炼	1.00				43.51	39.82
有色金属冶炼和压延加工业	87.29	10.36			3100.42	2946.80
常用有色金属冶炼	77.86	10.36			2800.04	2661.05
贵金属冶炼	0.20				22.90	15.76
有色金属压延加工	2.22				181.89	178.97
金属制品业	0.34	1.66			8.76	7.93
通用设备制造业	0.87	1.78		0.22	32.58	25.45
锅炉及原动设备制造	0.10				6.18	5.46
泵、阀门、压缩机及类似机械制造	0.42	0.92		0.22	10.79	7.25
专用设备制造业	8.11	4.05		0.20	58.57	58.16
采矿、冶金、建筑专用设备制造	1.10	3.58		0.20	40.00	44.37
化工、木材、非金属加工专用设备制造	4.72				11.81	9.82
电气机械和器材制造业	4.04	0.04			53.12	45.37
输配电及控制设备制造		0.04			17.09	12.95
计算机、通信和其他电子设备制造业	0.58				99.25	83.92
金属制品、机械和设备修理业					12.82	11.96
电力、热力、燃气及水生产和供应业	**53.36**		**3.91**	**7.19**	**688.91**	**671.66**
电力、热力生产和供应业	53.36			7.19	654.61	642.25
电力生产	48.03			7.19	168.36	162.18
热力生产和供应	5.34				12.91	14.15
水的生产和供应业			3.91		5.59	4.64
自来水生产和供应			3.91		5.59	4.64

单位：亿元

销售费用	管理费用	财务费用	利息收入	利息支出	投资收益（损失以“–”号记）	营业利润	利润总额	亏损企业亏损额	平均用工人数（万人）
104.00	**199.88**	**139.06**	**8.09**	**139.02**	**18.30**	**244.28**	**242.62**	**107.74**	**38.66**
5.68	**24.25**	**17.02**	**1.19**	**18.38**	**0.27**	**104.86**	**98.92**	**4.23**	**6.78**
4.57	13.92	5.10	0.28	5.59	0.23	26.41	24.93	0.57	4.92
4.57	13.92	5.10	0.28	5.59	0.23	26.41	24.93	0.57	4.92
0.78	0.92	1.40	0.09	1.47		0.40	0.42	0.43	0.22
0.02	1.88	2.43	0.08	2.46	0.04	2.18	2.30		0.19
0.02	1.88	2.43	0.08	2.46	0.04	2.18	2.30		0.19
96.76	**167.50**	**98.93**	**8.09**	**95.23**	**18.06**	**163.24**	**156.58**	**81.30**	**25.91**
2.03	1.38	0.39	0.18	0.99	0.31	1.88	1.96	0.50	0.38
0.11	0.24	0.11		0.11		-0.27	-0.24	0.25	0.16
3.52	0.91	0.20	0.02	0.22		4.53	4.66		0.39
7.77	3.35	0.23	0.28	1.17	0.30	5.33	5.52	0.50	0.77
5.32	3.04	0.03	0.28	0.99	0.30	5.14	5.27	0.50	0.65
0.24	0.53	0.23	0.02	0.20	0.02	-0.14	0.01	0.08	0.23
0.03	0.54	0.09		0.09		-0.44	-0.41	0.41	0.14
0.03	0.54	0.09		0.09		-0.44	-0.41	0.41	0.14
7.85	37.11	3.55	1.44	4.86	0.05	16.21	8.90	27.11	2.98
4.76	35.04	0.55	1.38	1.95		13.05	6.38	26.81	2.55
3.09	0.39	1.06		1.06		0.03	0.03	0.30	0.13
4.93	11.18	3.11	0.10	3.21	2.48	11.53	10.22	3.70	1.88
2.49	5.06	1.04	0.03	1.04	2.06	0.88	1.20	2.36	0.60
1.10	1.57	1.29	0.01	1.31	-0.01	-0.80	-0.62	1.06	0.33
0.18	0.99	0.18	-0.01	0.21		-0.10	-0.17	0.20	0.29
7.68	5.12	0.03	0.42	0.71	0.58	20.73	21.04	0.02	0.67
2.49	1.45	0.21	0.37	0.49	0.08	1.28	1.55	0.01	0.29
5.07	3.11	-0.29	0.06	0.11	0.49	16.99	16.96		0.20
4.43	15.07	2.73	-0.66	3.49	0.97	66.71	66.29	1.49	1.59
2.61	5.76	1.77	-0.01	1.81	0.19	10.06	10.23	0.64	0.90
0.17	0.31	0.13		0.10		0.81	0.83		0.12
1.59	8.59	0.85	-0.68	1.55	0.77	55.79	55.18	0.84	0.43
26.68	28.99	30.47	1.48	29.71	4.23	2.03	3.38	0.12	4.46
25.56	27.84	29.86	1.47	29.11	4.22	1.26	2.47		4.09
1.09	1.04	0.44	0.01	0.44		0.94	1.03		0.33
20.40	30.83	47.88	2.47	41.60	5.11	24.12	22.34	23.41	6.96
16.61	26.26	45.57	2.26	39.15	4.21	20.23	17.97	22.00	5.68
0.04	1.68	0.60		0.60	0.14	4.27	4.26	0.59	0.20
1.11	1.62	1.20	0.10	1.22	0.38	-0.81	-0.33	0.83	0.66
0.30	0.64	0.32	0.05	0.38	2.50	1.61	1.64		0.13
2.12	2.90	2.23	0.31	1.61		-0.68	-0.75	2.27	0.77
0.04	0.25	0.12		0.12		0.26	-0.24	0.47	0.14
1.16	1.17	0.27	0.02	0.28		0.88	1.01	0.15	0.17
2.32	5.09	3.07	0.19	3.35	0.04	-17.22	-15.51	18.15	1.19
1.33	2.57	2.79	0.16	3.05	0.07	-17.68	-17.60	17.61	0.88
0.62	1.21	0.19	0.01	0.20	-0.01	-0.29	1.31	0.16	0.15
2.60	3.93	1.65	0.16	1.41	-0.01	-0.71	-0.42	1.50	0.70
1.23	2.08	0.26	0.01	0.21	-0.01	0.31	0.43		0.34
1.23	8.51	0.34	0.29	1.07	1.52	7.38	7.21	1.08	1.17
0.23	1.85	0.27		0.02	-0.02	4.25	4.07		0.31
1.56	**8.14**	**23.11**	**-1.20**	**25.41**	**-0.03**	**-23.82**	**-12.87**	**22.21**	**5.98**
0.27	5.65	23.53	-1.76	25.35	0.05	-25.12	-14.18	21.88	5.44
0.15	3.98	12.54	-1.82	14.73		-13.28	-7.41	14.96	1.21
0.12	0.79	0.80	0.01	0.79		-3.09	-2.85	3.00	0.23
0.05	1.26	0.06	0.01	0.01	-0.09	-0.51	-0.33	0.33	0.29
0.05	1.26	0.06	0.01	0.01	-0.09	-0.51	-0.33	0.33	0.29

B.地区部分

1-B-1　按地区分组的规模以上

地　区	企　业 单位数 （个）	资产总计					
			固定资产 净　额	固定资产 原　价	累计折旧	流动资产 合　计	
							应收账款
全　省	**1778**	**12308.71**	**4781.40**	**8407.97**	**3387.28**	**4549.14**	**874.52**
兰　州	326	2869.88	1119.14	2295.70	1125.55	1253.11	255.16
嘉峪关	51	1766.03	701.00	1206.96	493.11	609.50	53.04
金　昌	92	1651.91	693.80	1051.59	350.89	626.87	81.43
白　银	130	919.52	257.38	520.19	236.68	441.67	86.40
天　水	159	508.28	143.82	229.47	79.08	226.89	64.77
武　威	197	537.20	265.90	345.15	70.74	201.99	57.76
张　掖	204	375.20	153.00	284.49	107.76	140.57	39.73
平　凉	57	333.21	160.54	374.54	211.91	112.14	14.65
酒　泉	182	1297.40	655.38	1128.42	394.15	477.32	112.64
庆　阳	103	1035.16	150.63	265.95	106.94	113.63	24.27
定　西	137	285.14	112.33	159.09	44.02	121.43	24.74
陇　南	71	396.67	182.17	252.10	63.01	118.51	29.56
临　夏	38	192.00	88.27	152.78	62.88	79.63	24.99
甘　南	31	141.11	98.06	141.52	40.56	25.89	5.38

1-B-1　续表

地　区					营业收入	营业成本	销售费用
	法人资本	个人资本	港澳台资本	外商资本			
全　省	**633.14**	**206.04**	**15.49**	**18.77**	**8773.32**	**7486.39**	**143.19**
兰　州	112.52	35.19	12.19	4.70	2444.11	1979.77	42.46
嘉峪关	47.59	2.54			1412.38	1300.77	32.87
金　昌	61.56	4.79			2516.33	2386.91	14.43
白　银	101.56	32.97	0.08	4.26	438.09	377.34	7.20
天　水	15.30	20.28		0.29	213.78	171.63	9.06
武　威	54.73	21.49	0.05	4.76	176.50	141.25	7.20
张　掖	42.21	17.41		0.39	155.86	130.39	4.70
平　凉	27.84	7.91			163.82	121.74	4.70
酒　泉	45.05	19.84	0.05	4.36	358.56	271.83	6.69
庆　阳	9.06	11.68	1.12		514.94	324.13	2.69
定　西	27.26	10.05			145.07	125.57	3.30
陇　南	67.53	7.49	2.00		121.23	73.10	5.72
临　夏	13.23	11.74			77.44	60.96	1.32
甘　南	7.68	2.66			35.20	21.00	0.86

工业企业主要经济指标

单位：亿元

存货	产成品	负债合计	流动负债合计	应付账款	所有者权益合计	实收资本	国家资本	集体资本
1251.03	**386.32**	**8021.61**	**5220.57**	**1166.75**	**4287.10**	**2380.66**	**1403.10**	**104.03**
358.51	76.91	1813.37	1335.36	413.90	1056.51	560.78	380.64	15.44
206.51	71.10	1332.21	1087.82	144.59	433.82	223.18	170.23	2.83
233.49	84.81	1088.61	661.01	134.73	563.30	343.06	275.90	0.80
114.03	39.16	578.15	414.63	66.84	341.38	213.16	70.85	3.43
60.90	18.25	270.63	195.01	54.43	237.65	109.34	17.67	55.79
38.78	18.74	387.87	200.96	48.37	149.33	121.29	35.61	4.65
32.01	18.63	248.04	159.20	37.46	127.16	92.23	30.49	1.72
15.62	6.25	244.67	149.36	27.88	88.55	74.59	38.45	0.39
74.43	14.99	909.09	467.15	109.68	388.30	371.99	299.57	3.12
18.84	9.88	500.33	156.67	74.34	534.82	39.19	16.10	1.22
44.37	14.40	177.32	114.09	20.74	107.82	62.52	17.85	7.37
21.61	6.51	245.46	165.06	16.45	151.21	91.50	14.36	0.12
29.01	4.98	121.70	74.00	12.77	70.31	44.84	18.05	1.81
2.93	1.71	104.16	40.25	4.56	36.95	33.01	17.33	5.34

单位：亿元

管理费用	财务费用	利息收入	利息支出	投资收益（损失以"–"号记）	营业利润	利润总额	亏损企业亏损额	平均用工人数（万人）
258.06	**217.98**	**9.01**	**215.28**	**19.38**	**287.38**	**291.83**	**149.88**	**50.86**
88.90	34.87	1.72	36.56	6.45	68.40	77.98	57.05	15.77
32.69	43.59	0.01	44.88	7.17	5.16	6.77	1.18	5.41
24.52	32.03	1.97	29.34	-0.12	35.75	32.71	6.86	4.54
17.58	19.93	-0.07	16.70	1.89	12.59	10.61	16.59	5.14
18.41	4.81	0.52	5.45	2.32	12.25	13.15	3.76	3.67
7.74	10.58	-0.06	10.74	0.07	8.16	8.87	5.86	2.03
7.57	7.07	0.03	6.83	0.09	4.01	5.93	3.86	1.88
9.36	6.51	0.63	6.80	0.17	18.05	17.25	4.39	3.10
16.24	27.24	2.57	25.99	0.42	-9.18	-12.10	37.65	2.98
13.65	10.36	1.07	11.53		93.41	89.37	5.56	2.42
6.84	4.79	0.29	5.12	0.05	4.13	5.86	3.12	1.42
8.69	7.76	0.14	7.92	0.86	21.68	21.82	1.61	1.44
4.19	4.19	0.19	3.15		5.96	6.51	1.13	0.71
1.69	4.26		4.26	0.01	7.03	7.09	1.27	0.34

1-B-2 按地区分组的国有控股

地 区	资产总计	固定资产净 额	固定资产原 价	累计折旧	流动资产合 计	应收账款
全 省	**9117.52**	**3732.60**	**6868.38**	**2943.75**	**3039.08**	**501.77**
兰 州	2130.94	985.10	2069.03	1036.34	792.38	150.04
嘉峪关	1672.73	664.18	1145.08	470.30	564.78	42.00
金 昌	1475.17	606.26	936.13	329.34	558.70	61.29
白 银	728.52	202.05	436.43	210.02	354.83	66.29
天 水	114.70	24.56	48.86	19.44	74.42	26.37
武 威	133.40	70.02	99.12	28.43	45.58	11.52
张 掖	152.07	86.34	172.74	72.22	36.28	10.81
平 凉	267.56	137.04	338.19	199.06	84.34	10.52
酒 泉	1013.86	531.45	936.64	332.42	350.94	80.35
庆 阳	972.07	131.50	238.17	99.47	81.28	12.31
定 西	109.94	65.38	90.59	24.88	31.67	6.26
陇 南	184.31	98.40	146.75	41.76	41.70	17.04
临 夏	81.72	63.71	118.92	55.21	12.92	4.90
甘 南	80.52	66.60	91.73	24.84	9.28	2.06

1-B-2 续表

地 区					营业收入	营业成本	销售费用
	法人资本	个人资本	港澳台资本	外商资本			
全 省	**253.08**	**35.83**	**5.07**	**7.02**	**7132.32**	**6144.16**	**87.03**
兰 州	28.93	8.12	3.95	0.34	1817.27	1465.61	22.90
嘉峪关	33.51	0.14			1343.44	1241.32	31.67
金 昌	20.76				2466.23	2347.62	12.24
白 银	71.79	21.27		4.01	326.74	280.92	4.69
天 水	0.96	0.23			53.42	40.65	3.46
武 威	2.18	0.13		1.58	29.94	21.08	1.65
张 掖	16.62	1.20			49.33	40.18	1.14
平 凉	17.03				133.74	97.16	3.71
酒 泉	14.16	4.00		1.08	274.75	204.90	1.91
庆 阳			1.12		477.33	291.68	1.32
定 西	4.30				47.94	39.61	0.76
陇 南	34.08	0.74			63.75	41.03	1.03
临 夏	5.04				32.98	23.70	0.41
甘 南	3.72				15.47	8.69	0.15

工业企业主要经济指标

单位：亿元

存货	产成品	负债合计	流动负债合计	应付账款	所有者权益合计	实收资本	国家资本	集体资本
926.39	**257.19**	**6036.86**	**3819.36**	**848.14**	**3080.66**	**1660.88**	**1345.69**	**14.17**
287.43	55.02	1380.81	982.48	326.66	750.13	422.27	375.30	5.62
194.76	66.29	1275.00	1044.77	134.00	397.73	204.87	170.23	1.00
223.62	79.47	968.22	585.77	114.43	506.94	295.31	274.55	
82.33	22.10	474.55	337.65	49.23	253.96	165.57	68.27	0.22
26.36	8.55	77.18	62.64	17.37	37.53	17.72	15.56	0.96
3.27	1.42	97.90	51.93	8.19	35.49	23.80	19.71	0.20
8.73	3.94	98.57	53.48	9.11	53.51	42.65	24.83	
10.04	3.86	199.26	119.22	21.56	68.30	55.48	38.45	
54.03	5.10	696.96	320.51	78.98	316.90	304.37	284.36	0.77
12.31	7.48	465.79	125.46	63.91	506.29	17.48	16.10	0.26
15.71	2.15	73.87	34.31	9.17	36.07	24.94	17.64	3.00
5.17	1.24	102.61	52.27	8.15	81.70	47.30	12.41	0.08
2.18	0.48	64.29	28.72	4.67	17.43	19.60	14.55	
0.45	0.07	61.85	20.15	2.72	18.67	19.52	13.74	2.06

单位：亿元

管理费用	财务费用	利息收入	利息支出	投资收益（损失以"–"号记）	营业利润	利润总额	亏损企业亏损额	平均用工人数（万人）
179.04	**167.79**	**7.88**	**164.83**	**16.15**	**186.96**	**183.85**	**116.67**	**34.62**
63.58	27.38	2.11	27.81	5.54	11.32	18.20	49.86	12.10
30.49	41.79	-0.02	43.05	7.22	1.44	3.03	0.34	4.92
23.03	28.32	1.79	25.80	-0.13	33.45	30.12	5.20	4.16
11.42	16.81	-0.15	13.67	1.73	10.55	8.25	13.39	3.71
5.43	1.44	0.04	1.41	0.48	2.72	3.24	1.09	1.05
2.34	2.85		2.90	0.07	1.55	1.52	2.10	0.48
2.94	3.24	0.03	3.25		0.62	1.62	1.19	0.56
7.26	5.51	0.59	5.80	0.16	16.92	16.32	3.34	2.37
11.11	20.04	2.38	19.70	0.24	-7.44	-11.27	32.40	1.93
11.89	9.62	1.07	10.82		92.39	88.03	4.66	1.76
2.83	1.94	0.02	1.90	0.03	2.67	3.58	1.62	0.44
3.37	3.75	-0.01	3.76	0.81	14.17	14.30	0.64	0.63
2.71	2.40	0.04	2.28		3.38	3.66	0.42	0.36
0.63	2.69	0.01	2.68		3.23	3.24	0.44	0.15

1-B-3　按地区分组的有限责任公司

地　区	资产总计	固定资产净　额	固定资产原　价	累计折旧	流动资产合　计	应收账款
全　省	**6385.20**	**2634.96**	**4434.69**	**1670.98**	**2414.24**	**504.75**
兰　州	1189.75	284.83	515.09	216.79	673.99	166.80
嘉峪关	1688.81	680.67	1170.36	478.78	564.27	42.45
金　昌	381.17	228.62	300.39	71.65	115.74	40.35
白　银	391.23	149.70	312.18	140.34	143.63	28.78
天　水	191.12	37.41	66.29	25.22	117.92	36.99
武　威	326.94	170.85	226.18	48.49	106.45	35.19
张　掖	250.12	112.25	210.20	85.05	76.94	18.90
平　凉	217.14	93.60	273.92	178.23	77.90	9.40
酒　泉	894.79	439.83	696.55	217.50	326.20	81.09
庆　阳	233.54	91.17	152.49	54.02	49.45	8.13
定　西	184.63	93.29	129.04	35.28	61.11	10.66
陇　南	242.72	109.75	161.66	45.02	64.89	19.08
临　夏	88.92	62.09	108.10	45.98	20.96	6.41
甘　南	104.31	80.91	112.24	28.61	14.79	0.53

1-B-3　续表

地　区	法人资本	个人资本	港澳台资本	外商资本	营业收入	营业成本	销售费用
全　省	**354.55**	**88.11**		**1.43**	**3266.12**	**2677.96**	**81.68**
兰　州	49.61	12.39		0.34	590.66	420.94	18.65
嘉峪关	41.05	0.19			1355.29	1250.38	31.73
金　昌	48.59	1.78			131.17	114.65	2.61
白　银	35.93	16.55			179.69	137.82	3.79
天　水	6.04	9.60			77.79	60.89	4.58
武　威	32.09	12.74			101.99	83.52	2.74
张　掖	24.39	6.00			103.94	88.39	2.25
平　凉	6.15	0.76			119.60	82.46	4.19
酒　泉	32.98	15.77		1.08	175.06	132.04	5.08
庆　阳	2.41	1.19			212.96	140.51	1.54
定　西	12.23	3.82			95.05	82.70	1.67
陇　南	50.26	3.95			74.63	50.99	1.47
临　夏	6.01	2.96			30.93	22.52	0.69
甘　南	6.81	0.41			17.39	10.15	0.69

工业企业主要经济指标

单位：亿元

存货	产成品	负债合计	流动负债合计	应付账款	所有者权益合计	实收资本	国家资本	集体资本
631.86	**178.80**	**4513.21**	**3051.51**	**615.10**	**1871.99**	**1198.04**	**723.05**	**30.90**
214.44	35.87	837.11	660.53	182.12	352.64	240.03	169.68	8.00
194.86	65.65	1284.65	1049.49	131.48	404.16	208.30	165.08	1.98
13.19	5.04	266.38	151.28	36.09	114.79	89.51	38.44	0.70
16.51	7.89	233.62	124.13	33.47	157.61	89.78	34.09	3.21
37.68	11.35	122.87	98.38	28.99	68.25	32.43	15.45	1.34
19.13	9.57	246.34	137.71	32.65	80.61	66.13	19.25	2.05
15.09	9.06	163.09	98.59	21.80	87.03	57.15	25.29	1.47
10.31	4.85	144.12	96.09	16.27	73.02	44.88	37.97	
60.21	10.05	700.11	374.25	88.36	194.68	192.97	140.32	2.83
9.82	6.75	105.58	45.05	11.02	127.97	19.42	15.56	0.26
25.41	7.02	124.20	69.98	13.96	60.43	38.06	17.24	4.76
9.73	3.48	141.95	84.50	10.77	100.77	68.05	13.74	0.11
4.31	1.80	63.71	40.83	6.51	25.20	25.64	16.67	
1.17	0.40	79.46	20.71	1.60	24.84	25.69	14.27	4.20

单位：亿元

管理费用	财务费用	利息收入	利息支出	投资收益（损失以“-”号记）	营业利润	利润总额	亏损企业亏损额	平均用工人数（万人）
125.56	**126.69**	**3.99**	**127.15**	**12.59**	**97.70**	**106.47**	**74.87**	**25.01**
34.02	13.57	1.84	14.39	2.66	7.74	13.59	30.31	6.13
30.74	42.42	-0.03	43.66	7.22	3.24	4.62	0.35	4.89
3.15	8.82	0.03	8.38	0.12	0.45	0.67	5.13	1.11
10.67	6.40	-0.33	6.67	0.74	16.55	14.62	9.02	2.63
7.42	3.63	0.06	3.02	0.48	1.22	1.90	3.10	1.54
4.21	6.20	0.04	6.22	0.06	4.21	3.88	3.91	1.05
4.08	4.96	0.02	4.82	0.08	2.64	3.83	2.65	1.08
6.84	3.37	0.50	3.68	0.17	19.89	19.14	1.15	2.31
7.48	21.52	1.49	19.52	0.19	9.39	9.67	9.29	1.58
4.56	1.78	0.33	2.24		13.42	13.76	4.70	0.50
4.68	3.41	0.02	4.07	0.05	2.38	3.91	2.55	0.87
3.90	4.54	-0.02	4.56	0.82	12.49	12.49	1.34	0.87
3.13	2.48	0.04	2.35		1.84	2.05	0.39	0.31
0.67	3.59	0.01	3.59		2.26	2.33	0.97	0.15

1-B-4 按地区分组的股份有限公司

地 区	资产总计					
		固定资产净　额	固定资产原　价	累计折旧	流动资产合　计	
						应收账款
全 省	**3026.20**	**1021.50**	**1952.36**	**849.71**	**1332.89**	**168.80**
兰 州	695.25	234.45	595.04	324.38	317.76	29.06
嘉峪关	15.75	2.61	5.63	3.03	12.34	4.39
金 昌	1178.05	433.78	700.78	266.53	465.25	30.18
白 银	393.83	49.37	87.32	37.93	249.39	44.95
天 水	255.54	85.40	129.23	43.40	82.81	18.18
武 威	28.41	5.73	7.90	2.15	14.31	3.46
张 掖	22.59	9.69	19.35	5.16	6.49	2.44
平 凉	58.14	46.66	71.96	25.31	8.22	1.90
酒 泉	248.61	122.81	287.31	126.12	100.19	14.38
庆 阳	3.07	1.79	3.88	2.09	1.07	0.16
定 西	15.44	2.17	3.56	0.76	10.41	2.61
陇 南	52.41	17.34	22.72	5.35	23.50	2.97
临 夏	35.99	0.29	1.13	0.40	34.07	10.35
甘 南	23.13	9.40	16.54	7.13	7.07	3.78

1-B-4 续表

地 区					营业收入	营业成本	销售费用
	法人资本	个人资本	港澳台资本	外商资本			
全 省	**117.48**	**32.70**	**0.43**	**0.03**	**3721.72**	**3266.76**	**34.48**
兰 州	37.79	6.81	0.35	0.03	972.92	720.08	12.61
嘉峪关	0.50	0.14			11.27	10.12	0.48
金 昌	0.01	0.89			2210.70	2103.78	9.84
白 银	47.06	9.31	0.08		188.02	175.82	1.88
天 水	0.80	6.54			110.86	90.85	3.39
武 威	1.39	1.87			6.44	4.12	1.26
张 掖	3.82	0.31			3.83	2.79	0.12
平 凉	15.30				20.79	19.39	0.01
酒 泉	2.87	1.96			149.91	115.60	0.99
庆 阳		0.20			2.43	1.96	0.02
定 西	2.09	0.68			4.91	3.52	0.28
陇 南	5.64	0.78			20.53	8.33	3.50
临 夏	0.20	2.31			4.42	2.19	0.07
甘 南		0.90			14.69	8.22	0.03

工业企业主要经济指标

单位：亿元

存货	产成品	负债合计	流动负债合计	应付账款	所有者权益合计	实收资本	国家资本	集体资本
466.18	**133.49**	**1785.31**	**1224.28**	**273.85**	**1240.89**	**671.78**	**463.15**	**57.98**
104.35	26.56	346.96	284.00	113.66	348.29	124.76	78.46	1.32
4.00	1.80	8.72	8.70	4.43	7.03	4.26	3.63	
204.57	67.98	758.79	462.17	81.52	419.26	230.46	229.57	
82.15	22.98	251.41	221.88	19.86	142.42	80.05	23.37	0.22
19.15	5.31	114.86	76.79	21.70	140.68	62.43	0.71	54.37
5.29	1.80	24.22	20.97	3.63	4.18	5.50	0.47	1.77
0.78	0.27	15.87	2.26	0.70	6.71	5.95	1.82	
1.46	0.01	60.33	28.00	6.31	-2.19	15.70	0.40	
10.72	3.25	122.95	46.68	10.93	125.66	125.96	121.13	
0.39	0.36	2.82	2.02	1.21	0.24	0.74	0.54	
4.52	1.72	6.70	4.34	1.04	8.73	2.77		
8.05	1.25	37.66	35.14	2.37	14.75	6.42		
20.21	0.12	19.51	16.95	4.45	16.48	2.81		0.29
0.53	0.09	14.50	14.37	2.04	8.63	3.96	3.06	

单位：亿元

管理费用	财务费用	利息收入	利息支出	投资收益（损失以“–”号记）	营业利润	利润总额	亏损企业亏损额	平均用工人数（万人）
87.27	**45.77**	**3.12**	**42.82**	**6.57**	**93.09**	**83.25**	**52.80**	**11.48**
41.66	5.15	-0.25	6.16	3.70	65.85	62.66	18.61	3.15
0.48	0.09	0.02	0.11		-0.01	0.01		0.17
19.96	21.51	1.65	19.48	-0.38	34.60	31.34	0.09	3.13
3.43	10.74	0.15	7.37	1.15	-2.23	-2.29	2.90	1.62
9.18	0.55	0.45	1.81	1.84	9.72	9.76	0.20	1.33
1.03	0.50		0.50		-0.58	-0.36	0.58	0.16
0.16	0.70		0.70		-0.09	-0.05	0.25	0.05
0.83	2.27	0.09	2.25	-0.01	-2.08	-1.97	2.30	0.19
7.02	2.67	0.95	3.55	0.27	-22.48	-26.31	27.56	1.11
0.25	0.09		0.09		0.11	0.07	0.13	0.11
0.50	0.18		0.17		0.38	0.44	0.10	0.09
1.73	0.20	0.07	0.25		4.11	4.18	0.08	0.24
0.17	0.74		0.01		0.91	0.93		0.02
0.87	0.38	-0.01	0.38	0.01	4.87	4.84		0.12

1-B-5 按地区分组的私营工业

地区	资产总计	固定资产净额	固定资产原价	累计折旧	流动资产合计	应收账款
全省	**943.54**	**287.25**	**425.36**	**116.52**	**496.60**	**140.46**
兰州	178.54	42.63	62.19	19.07	112.30	37.73
嘉峪关	43.97	12.67	20.14	5.52	23.35	3.94
金昌	58.97	21.55	35.28	7.47	24.66	7.71
白银	94.25	31.98	45.05	11.72	39.44	8.49
天水	43.76	15.44	19.30	3.17	19.43	7.74
武威	99.93	36.95	49.62	11.02	57.42	12.31
张掖	84.70	26.78	44.31	13.53	47.21	16.43
平凉	51.40	19.20	25.95	6.74	21.83	2.77
酒泉	50.04	17.86	30.63	11.48	27.44	5.52
庆阳	48.58	14.39	21.32	6.01	26.10	9.77
定西	82.35	15.14	23.81	7.03	49.13	11.45
陇南	41.59	13.33	19.76	6.42	19.80	7.30
临夏	51.80	11.58	15.26	2.51	24.46	8.22
甘南	13.67	7.75	12.74	4.82	4.03	1.06

1-B-5 续表

地区	法人资本	个人资本	港澳台资本	外商资本	营业收入	营业成本	销售费用
全省	**133.57**	**85.09**			**541.48**	**466.55**	**16.90**
兰州	16.94	15.99			164.93	150.64	4.84
嘉峪关	6.04	2.21			31.20	27.64	0.43
金昌	12.97	2.13			17.38	13.33	0.49
白银	18.42	7.12			57.17	50.07	1.42
天水	6.03	4.13			17.51	13.36	0.68
武威	20.99	6.88			52.62	41.58	2.97
张掖	8.27	11.01			37.98	31.14	1.66
平凉	6.39	7.15			21.15	18.72	0.43
酒泉	4.78	2.11			18.32	15.37	0.55
庆阳	6.66	10.30			30.83	26.62	0.96
定西	12.73	5.55			44.55	38.80	1.34
陇南	5.46	2.71			10.69	6.58	0.42
临夏	7.02	6.46			34.02	30.07	0.56
甘南	0.87	1.35			3.13	2.63	0.14

企业主要经济指标

单位：亿元

存货		负债合计	流动负债合计		所有者权益合计	实收资本		
	产成品			应付账款			国家资本	集体资本
102.59	**52.01**	**598.82**	**442.32**	**99.01**	**344.72**	**233.73**	**6.09**	**8.89**
18.25	8.49	119.69	97.43	23.88	58.86	36.98	2.56	1.39
6.34	3.20	28.28	20.90	6.88	15.69	8.69		0.45
3.85	2.03	40.26	24.70	3.88	18.71	15.33	0.13	0.10
13.63	8.12	63.58	52.47	9.01	30.67	26.08	0.54	
3.17	1.52	19.30	12.21	3.12	24.47	11.44	1.19	0.08
12.52	6.58	63.31	27.39	6.51	36.62	28.57		0.70
10.65	6.69	60.25	50.17	13.19	24.45	21.20	1.66	0.25
3.56	1.36	37.93	23.32	4.65	13.46	13.54		
2.99	1.51	38.59	33.61	9.02	11.45	7.18		0.29
4.65	1.15	26.21	23.05	8.72	22.38	17.30		0.35
14.31	5.63	44.45	39.01	5.53	37.89	20.89	0.01	2.60
2.95	1.47	22.48	17.70	1.95	19.11	8.18		0.01
4.47	3.07	24.30	15.20	1.75	27.49	15.00		1.52
1.23	1.22	10.20	5.18	0.92	3.47	3.36		1.14

单位：亿元

管理费用	财务费用			投资收益（损失以“-”号记）	营业利润	利润总额	亏损企业亏损额	平均用工人数（万人）
		利息收入	利息支出					
22.69	**15.98**	**0.93**	**14.98**	**0.10**	**15.26**	**20.39**	**10.62**	**6.26**
5.43	2.62	0.08	2.46	0.07	0.87	2.99	1.31	1.18
0.64	0.90	0.04	0.92	-0.05	1.30	1.42	0.83	0.17
0.73	1.22	0.27	0.96	0.01	0.70	0.94	0.95	0.16
3.27	1.87	0.05	1.82		-0.04	0.28	2.14	0.73
1.26	0.49	0.01	0.49	0.01	1.47	1.63	0.12	0.64
1.96	1.97	-0.12	2.06		3.83	4.17	1.08	0.66
2.30	1.29	0.01	1.20	0.01	1.35	2.02	0.67	0.64
1.03	0.81	0.04	0.81		0.01	-0.15	0.89	0.43
1.31	1.02	0.12	0.93		-0.19	0.41	0.50	0.20
1.41	0.62		0.61		1.05	1.35	0.58	0.53
1.61	1.15	0.27	0.87		1.46	1.58	0.37	0.44
0.82	0.77		0.77	0.04	1.96	2.00	0.19	0.17
0.75	0.97	0.16	0.79		1.58	1.85	0.70	0.24
0.14	0.29		0.29		-0.09	-0.08	0.30	0.07

1-B-6 按地区分组的港澳台商

地 区	资产总计	固定资产净额	固定资产原价	累计折旧	流动资产合计	应收账款
全 省	**183.99**	**73.05**	**99.87**	**26.65**	**80.92**	**6.37**
兰 州	102.36	15.08	32.56	17.31	64.92	0.88
嘉峪关						
金 昌						
白 银	4.31	3.08	4.48	1.41	1.23	1.20
天 水						
武 威	25.38	19.29	23.80	4.51	4.82	3.59
张 掖						
平 凉						
酒 泉	3.99	2.44	4.15	1.71	1.31	0.69
庆 阳						
定 西						
陇 南	47.95	33.15	34.88	1.73	8.64	
临 夏						
甘 南						

1-B-6 续表

地 区	法人资本	个人资本	港澳台资本	外商资本	营业收入	营业成本	销售费用
全 省	**7.65**	**0.05**	**13.88**	**1.58**	**170.75**	**162.67**	**0.38**
兰 州	0.46		11.83		159.91	158.21	0.35
嘉峪关							
金 昌							
白 银					0.76	0.31	
天 水							
武 威	0.04			1.58	3.63	1.90	
张 掖							
平 凉							
酒 泉	0.98		0.05		0.73	0.58	0.02
庆 阳							
定 西							
陇 南	6.17	0.05	2.00		5.73	1.67	
临 夏							
甘 南							

投资工业企业主要经济指标

单位：亿元

存货	产成品	负债合计	流动负债合计	应付账款	所有者权益合计	实收资本	国家资本	集体资本
2.43	**0.40**	**114.88**	**75.03**	**5.72**	**69.10**	**37.62**	**14.25**	**0.20**
1.65	0.17	54.10	43.44	3.14	48.26	19.49	7.00	0.20
0.01		1.43	0.64	0.28	2.88	1.75	1.75	
0.25	0.04	16.84	4.89	1.70	8.54	7.12	5.50	
0.26	0.10	2.36	1.28	0.13	1.63	1.03		
0.26	0.09	40.15	24.77	0.47	7.80	8.22		

单位：亿元

管理费用	财务费用	利息收入	利息支出	投资收益（损失以“-”号记）	营业利润	利润总额	亏损企业亏损额	平均用工人数（万人）
2.61	**3.91**	**0.03**	**4.00**	**-0.10**	**0.80**	**0.91**	**1.30**	**0.30**
1.23	0.87	-0.11	0.94	-0.09	-1.00	-0.90	1.21	0.24
	0.06	0.06			0.42	0.42		
0.01	0.70		0.70	-0.01	0.98	0.98	0.04	0.01
0.05	0.11		0.11		-0.05	-0.05	0.05	
1.32	2.16	0.08	2.25		0.45	0.46		0.04

1-B-7 按地区分组的外商投资

地区	资产总计					
		固定资产净额	固定资产原价	累计折旧	流动资产合计	
						应收账款
全省	**224.40**	**135.45**	**233.67**	**95.33**	**72.41**	**24.10**
兰州	36.14	10.08	19.15	8.70	22.07	5.87
嘉峪关						
金昌	9.56	3.73	6.81	3.04	5.42	0.22
白银	23.43	16.92	58.01	41.10	5.32	2.22
天水	6.71	4.18	8.42	4.24	2.29	1.45
武威	35.21	25.47	26.63	1.16	8.22	1.93
张掖	12.32	1.73	6.98	2.94	7.26	1.02
平凉						
酒泉	95.69	70.21	103.86	33.66	20.40	10.73
庆阳	4.69	2.90	3.53	0.46	1.09	0.66
定西	0.64	0.24	0.26	0.02	0.34	0.02
陇南						
临夏						
甘南						

1-B-7 续表

地区					营业收入	营业成本	销售费用
	法人资本	个人资本	港澳台资本	外商资本			
全省	**19.49**		**1.17**	**15.72**	**100.87**	**80.07**	**7.41**
兰州	7.46			4.32	40.55	30.14	5.71
嘉峪关							
金昌					13.72	12.09	0.67
白银				4.26	10.49	11.88	0.02
天水	2.43			0.29	5.00	4.24	0.33
武威	0.23		0.05	3.18	8.05	7.20	0.01
张掖	5.73			0.39	8.62	6.45	0.62
平凉							
酒泉	3.44			3.28	13.32	7.31	0.04
庆阳			1.12		0.77	0.46	
定西	0.20				0.35	0.29	
陇南							
临夏							
甘南							

工业企业主要经济指标

单位：亿元

存货	产成品	负债合计	流动负债合计	应付账款	所有者权益合计	实收资本	国家资本	集体资本
14.53	**4.06**	**117.94**	**56.88**	**14.16**	**106.46**	**90.34**	**53.35**	**0.61**
4.34	0.89	12.68	12.44	3.32	23.46	11.87	0.09	
3.24	1.40	5.48	5.35	2.62	4.07	2.46	2.46	
1.27	0.02	18.31	12.74	3.89	5.12	13.30	9.04	
0.61	0.08	3.38	3.36	0.21	3.32	2.72		
0.46	0.04	24.18	4.62	2.25	11.04	10.87	7.42	
4.34	1.54	6.61	6.40	1.01	5.71	6.40	0.29	
0.16	0.06	44.22	10.58	0.76	51.47	40.78	34.06	
		2.59	0.92	0.03	2.10	1.73		0.61
0.11	0.03	0.47	0.47	0.06	0.16	0.20		

单位：亿元

管理费用	财务费用	利息收入	利息支出	投资收益（损失以“–”号记）	营业利润	利润总额	亏损企业亏损额	平均用工人数（万人）
3.93	**3.28**	**0.08**	**3.63**	**-0.01**	**5.20**	**5.02**	**3.19**	**0.75**
2.11	-0.31	0.03	0.07		1.99	2.08	0.40	0.33
0.46	0.02	-0.01	0.02	-0.01	0.44	0.45		0.04
0.07	0.55		0.53		-2.08	-2.37	2.45	0.12
0.18					0.13	0.13	0.05	0.07
0.03	0.88	0.04	0.91		-0.10	-0.05	0.07	0.07
0.90	0.10		0.09		0.45	0.41		0.09
0.09	1.92	0.02	1.88		4.21	4.21	0.19	0.03
0.06	0.11		0.11		0.14	0.14	0.04	0.01
0.02	0.02		0.02		0.02	0.03		0.01

1-B-8　按地区分组的大型工业

地　区	资产总计	固定资产净额	固定资产原价	累计折旧	流动资产合计	应收账款
全　省	**6777.86**	**2414.21**	**4699.80**	**2193.63**	**2433.42**	**273.60**
兰　州	1710.67	882.91	1891.88	966.87	631.37	92.31
嘉峪关	1599.05	633.56	1091.38	454.52	533.11	29.06
金　昌	1287.11	494.37	790.51	295.66	504.57	41.46
白　银	556.54	97.81	200.60	100.30	324.04	56.46
天　水	245.46	66.63	107.51	40.67	91.04	27.03
武　威	6.24	2.33	4.91	2.58	3.61	0.76
张　掖	17.29	11.06	21.99	10.93	2.83	0.63
平　凉	142.23	46.48	142.75	94.27	55.69	3.48
酒　泉	301.05	65.96	229.96	125.41	191.52	0.95
庆　阳	806.28	67.19	145.18	75.22	60.72	5.49
定　西						
陇　南	82.69	28.17	44.73	16.54	31.39	15.10
临　夏	23.25	17.74	28.41	10.67	3.52	0.87
甘　南						

1-B-8　续表

地　区	法人资本	个人资本	港澳台资本	外商资本	营业收入	营业成本	销售费用
全　省	**145.72**	**27.43**	**3.91**	**0.20**	**6435.72**	**5504.97**	**73.32**
兰　州	19.21	6.38	3.91	0.20	1725.43	1338.46	16.89
嘉峪关	30.71	0.14			1289.26	1192.70	29.84
金　昌					2255.66	2146.02	10.20
白　银	64.07	19.61			280.00	239.77	4.11
天　水		0.50			105.73	87.53	2.35
武　威	2.09				14.18	8.38	1.91
张　掖		0.81			14.99	13.40	0.23
平　凉					71.40	45.23	3.15
酒　泉					178.05	137.36	0.82
庆　阳					448.10	264.47	0.64
定　西							
陇　南	29.64				44.07	24.20	2.80
临　夏					8.85	7.44	0.38
甘　南							

企业主要经济指标

单位：亿元

存货	产成品	负债合计	流动负债合计	应付账款	所有者权益合计	实收资本	国家资本	集体资本
817.81	**210.72**	**4240.76**	**2986.23**	**642.58**	**2537.10**	**1089.36**	**854.54**	**57.57**
235.85	33.08	1061.77	796.20	247.33	648.90	332.01	298.51	3.80
190.06	63.14	1222.84	1008.76	125.81	376.21	185.94	154.72	0.38
206.69	68.51	830.40	500.59	89.49	456.70	254.10	254.10	
86.52	25.86	313.71	269.31	33.92	242.84	117.27	33.59	
25.78	5.55	119.88	88.84	28.41	125.58	57.02	3.14	53.38
1.49	0.10	2.35	2.30	0.32	3.89	2.09		
0.83	0.59	9.70	9.63	1.65	7.59	0.92	0.10	
5.44	3.29	60.92	52.10	7.02	81.30	24.01	24.01	
43.26	2.20	204.73	130.42	47.24	96.32	79.51	79.51	
11.10	6.62	377.85	100.51	55.90	428.43			
9.59	1.60	19.73	16.50	3.76	62.96	29.64		
1.21	0.19	16.87	11.07	1.71	6.37	6.87	6.87	

单位：亿元

管理费用	财务费用	利息收入	利息支出	投资收益（损失以“–”号记）	营业利润	利润总额	亏损企业亏损额	平均用工人数（万人）
156.77	**109.97**	**6.69**	**108.91**	**12.18**	**236.85**	**225.24**	**66.43**	**28.82**
58.66	20.93	1.10	21.95	1.38	74.09	74.74	29.82	9.92
29.51	40.58	-0.09	41.87	7.22	0.41	2.03	0.29	4.68
20.70	23.84	1.73	21.88	0.01	33.48	30.35	1.37	3.58
10.49	12.30	-0.11	9.17	1.82	11.77	9.45	6.39	3.44
9.55	1.89	0.29	2.16	1.52	6.70	6.89	1.31	1.43
0.22		-0.01			3.56	3.69		0.27
0.58	0.34		0.33		-0.34	-0.34	0.43	0.23
4.95	0.53	0.47	1.00	0.17	14.86	14.09		1.88
8.60	1.21	2.16	1.05	0.05	-13.94	-17.54	26.61	1.38
11.16	7.44	1.06	8.50		94.23	89.60		1.35
1.64	0.19	0.07	0.26		12.43	12.48		0.53
0.69	0.72	0.02	0.74		-0.39	-0.21	0.21	0.12

1-B-9 按地区分组的中型工业

地区	资产总计	固定资产净额	固定资产原价	累计折旧	流动资产合计	应收账款
全省	**1642.33**	**594.43**	**1107.40**	**454.53**	**666.77**	**134.14**
兰州	554.24	95.76	178.08	79.26	285.03	55.92
嘉峪关	76.52	28.88	52.24	22.52	42.72	13.25
金昌	107.62	59.41	71.95	12.51	38.67	5.36
白银	152.18	65.67	163.42	78.45	44.28	11.54
天水	107.94	33.60	49.02	15.40	54.91	14.47
武威	77.59	37.83	50.18	12.35	25.31	4.07
张掖	65.32	31.74	61.99	28.66	20.35	5.35
平凉	138.27	89.10	190.78	101.59	37.91	7.33
酒泉	98.64	27.16	68.89	20.22	39.35	4.84
庆阳	43.93	17.63	36.02	13.96	12.78	1.88
定西	65.75	27.76	41.79	13.05	27.84	4.63
陇南	97.54	42.64	60.91	11.69	26.36	1.62
临夏	33.78	26.98	63.17	36.19	4.32	0.68
甘南	23.03	10.27	18.97	8.70	6.93	3.19

1-B-9 续表

地区	法人资本	个人资本	港澳台资本	外商资本	营业收入	营业成本	销售费用
全省	**123.71**	**28.30**	**2.40**	**11.99**	**987.00**	**860.96**	**30.68**
兰州	44.88	4.24	0.35	4.47	276.83	234.73	13.81
嘉峪关	7.40				88.62	78.88	2.33
金昌	10.60	0.29			209.10	203.65	3.22
白银	20.32	0.94		4.01	66.07	63.94	0.86
天水	3.52	4.62		0.29	35.25	25.45	2.97
武威	1.49	0.86	0.05	3.18	34.37	30.69	1.33
张掖	3.14	2.20		0.04	36.26	32.26	0.62
平凉	17.66	4.14			68.77	56.47	1.00
酒泉	1.62	6.56			37.59	30.90	2.94
庆阳	0.10	3.00			18.55	20.85	0.31
定西	3.78	0.80			49.08	42.20	0.59
陇南	9.00	0.65	2.00		34.78	22.43	0.37
临夏					15.47	9.27	0.15
甘南	0.21				16.27	9.24	0.16

企业主要经济指标

单位：亿元

存货	产成品	负债合计	流动负债合计	应付账款	所有者权益合计	实收资本	国家资本	集体资本
181.33	**67.96**	**1141.16**	**797.86**	**201.44**	**501.17**	**314.36**	**140.25**	**7.71**
77.46	26.23	329.79	249.57	81.28	224.45	107.87	51.80	2.13
10.87	5.01	44.77	42.67	9.02	31.74	16.77	9.37	
17.86	11.54	82.51	72.06	24.24	25.11	26.49	15.50	0.10
9.85	3.73	123.56	67.05	17.50	28.62	40.14	14.87	
15.89	5.73	53.95	30.76	7.48	53.99	14.25	5.29	0.54
5.21	1.29	62.02	39.59	5.96	15.56	13.49	7.72	0.20
6.14	3.41	45.74	30.52	9.37	19.59	12.50	6.73	0.40
5.76	1.34	139.04	71.01	14.68	-0.77	36.54	14.42	0.31
8.08	5.35	84.38	73.35	10.97	14.26	10.76	2.09	0.50
1.03	0.36	27.32	15.20	6.27	16.62	4.00	0.55	0.35
17.44	2.41	40.06	31.74	7.51	25.69	11.63	3.87	3.18
3.67	0.70	66.22	46.10	4.10	31.32	12.07	0.42	
1.35	0.80	28.35	14.98	0.70	5.43	4.89	4.89	
0.72	0.07	13.46	13.26	2.36	9.57	2.95	2.74	

单位：亿元

管理费用	财务费用	利息收入	利息支出	投资收益（损失以“-”号记）	营业利润	利润总额	亏损企业亏损额	平均用工人数（万人）
43.12	**29.10**	**1.40**	**30.11**	**6.12**	**7.43**	**17.38**	**41.30**	**9.85**
16.25	6.59	0.77	6.85	4.97	-6.20	1.41	17.98	3.22
2.06	1.20	0.10	1.34		3.46	3.24	0.05	0.49
1.82	2.09	0.06	2.15	-0.14	-1.11	-1.07	2.51	0.54
2.15	2.97	-0.04	3.03		-4.55	-4.58	6.37	0.72
3.94	0.70	0.18	1.22	0.30	2.23	2.47	0.83	0.86
1.26	1.80	0.02	1.83		-1.04	-1.37	2.55	0.50
1.49	1.43	0.01	1.44		0.17	1.24	0.21	0.56
2.65	4.70	0.13	4.52		3.35	3.54	2.71	0.82
2.03	2.23	0.10	2.31	0.09	-1.56	-1.71	2.85	0.59
0.77	0.64	0.01	0.68		-4.29	-3.92	4.49	0.39
2.70	0.87	0.02	0.86	0.03	2.70	3.66	0.65	0.45
3.03	3.09	0.05	3.11	0.86	5.56	5.68	0.07	0.35
1.89	0.40		0.38		3.48	3.56	0.04	0.22
1.08	0.38	-0.01	0.38	0.01	5.22	5.23		0.14

1-B-10 按地区分组的小型工业

地区	资产总计	固定资产净额	固定资产原价	累计折旧	流动资产合计	应收账款
全省	**3888.52**	**1772.76**	**2600.76**	**739.12**	**1448.96**	**466.79**
兰州	604.97	140.47	225.75	79.43	336.72	106.93
嘉峪关	90.47	38.56	63.34	16.06	33.67	10.73
金昌	257.19	140.02	189.12	42.73	83.63	34.61
白银	210.80	93.90	156.17	57.93	73.35	18.41
天水	154.88	43.59	72.94	23.01	80.95	23.27
武威	453.37	225.74	290.06	55.81	173.07	52.93
张掖	292.58	110.21	200.52	68.18	117.39	33.76
平凉	52.72	24.96	41.01	16.06	18.53	3.85
酒泉	897.71	562.25	829.57	248.51	246.45	106.84
庆阳	184.94	65.80	84.76	17.75	40.13	16.90
定西	219.39	84.57	117.30	30.97	93.59	20.11
陇南	216.45	111.37	146.46	34.79	60.76	12.83
临夏	134.97	43.55	61.21	16.02	71.78	23.44
甘南	118.08	87.79	122.56	31.86	18.96	2.19

1-B-10 续表

地区	法人资本	个人资本	港澳台资本	外商资本	营业收入	营业成本	销售费用
全省	**363.71**	**150.31**	**9.18**	**6.58**	**1350.60**	**1120.46**	**39.19**
兰州	48.44	24.57	7.93	0.03	441.85	406.58	11.75
嘉峪关	9.48	2.40			34.50	29.18	0.70
金昌	50.97	4.51			51.56	37.23	1.01
白银	17.17	12.42	0.08	0.25	92.03	73.63	2.23
天水	11.78	15.17			72.80	58.65	3.74
武威	51.15	20.63		1.58	127.96	102.18	3.96
张掖	39.07	14.40		0.35	104.61	84.73	3.85
平凉	10.18	3.76			23.65	20.04	0.54
酒泉	43.43	13.29	0.05	4.36	142.93	103.58	2.94
庆阳	8.96	8.68	1.12		48.29	38.82	1.74
定西	23.47	9.24			96.00	83.37	2.71
陇南	28.89	6.84			42.38	26.47	2.54
临夏	13.23	11.74			53.12	44.25	0.78
甘南	7.48	2.66			18.93	11.76	0.70

企业主要经济指标

单位：亿元

存货	产成品	负债合计	流动负债合计	应付账款	所有者权益合计	实收资本	国家资本	集体资本
251.89	**107.64**	**2639.69**	**1436.48**	**322.72**	**1248.83**	**976.94**	**408.31**	**38.75**
45.20	17.61	421.81	289.59	85.28	183.17	120.90	30.33	9.50
5.58	2.95	64.60	36.39	9.76	25.87	20.47	6.14	2.45
8.94	4.76	175.69	88.36	21.00	81.49	62.48	6.31	0.70
17.66	9.57	140.88	78.27	15.42	69.92	55.75	22.39	3.43
19.23	6.97	96.80	75.41	18.54	58.08	38.06	9.25	1.87
32.08	17.35	323.50	159.07	42.08	129.87	105.70	27.89	4.45
25.04	14.63	192.61	119.05	26.43	99.98	78.81	23.66	1.32
4.42	1.62	44.71	26.25	6.17	8.01	14.04	0.02	0.08
23.09	7.44	619.98	263.38	51.47	277.73	281.72	217.97	2.62
6.70	2.90	95.17	40.96	12.17	89.77	35.19	15.55	0.87
26.93	12.00	137.26	82.35	13.24	82.14	50.89	13.98	4.19
8.35	4.21	159.52	102.47	8.59	56.93	49.79	13.94	0.12
26.45	4.00	76.47	47.95	10.36	58.50	33.08	6.30	1.81
2.21	1.64	90.71	27.00	2.20	27.37	30.06	14.59	5.34

单位：亿元

管理费用	财务费用	利息收入	利息支出	投资收益（损失以"-"号记）	营业利润	利润总额	亏损企业亏损额	平均用工人数（万人）
58.18	**78.92**	**0.92**	**76.26**	**1.08**	**43.10**	**49.20**	**42.14**	**12.19**
13.99	7.35	-0.15	7.76	0.11	0.51	1.83	9.25	2.64
1.12	1.81		1.66	-0.05	1.29	1.50	0.84	0.24
2.00	6.10	0.18	5.31	0.01	3.37	3.43	2.98	0.42
4.94	4.66	0.08	4.50	0.06	5.36	5.74	3.84	0.99
4.92	2.22	0.05	2.07	0.50	3.32	3.79	1.62	1.38
6.25	8.78	-0.07	8.91	0.07	5.64	6.55	3.30	1.26
5.50	5.30	0.01	5.05	0.09	4.18	5.02	3.22	1.09
1.75	1.28	0.03	1.29		-0.16	-0.38	1.68	0.40
5.61	23.80	0.32	22.63	0.27	6.32	7.15	8.18	1.01
1.73	2.28		2.36		3.47	3.68	1.07	0.68
4.14	3.92	0.27	4.26	0.02	1.43	2.19	2.47	0.97
4.02	4.49	0.01	4.55		3.69	3.67	1.55	0.56
1.62	3.07	0.17	2.03		2.87	3.16	0.88	0.38
0.61	3.88	0.01	3.88		1.81	1.86	1.27	0.19

1-B-11 按地区分组的采矿业

地 区	资产总计	固定资产净额	固定资产原价	累计折旧	流动资产合计	应收账款
全 省	**1531.51**	**304.35**	**619.69**	**278.93**	**305.32**	**39.25**
兰 州	76.87	35.12	76.62	36.84	31.05	3.26
嘉峪关	0.84	0.03	0.05	0.02	0.80	0.15
金 昌	2.57	0.08	0.11	0.02	1.74	0.03
白 银	115.23	34.38	63.84	29.46	57.51	4.79
天 水	11.35	2.24	4.16	1.92	7.62	0.91
武 威	36.62	20.81	28.43	7.62	8.48	1.51
张 掖	59.05	25.58	43.03	17.45	11.69	1.93
平 凉	175.76	62.95	169.74	104.70	68.85	4.73
酒 泉	68.21	7.47	42.17	12.55	30.58	5.93
庆 阳	856.56	66.08	127.86	56.76	49.07	8.98
定 西	7.28	0.37	0.48	0.11	1.33	-0.04
陇 南	115.37	47.52	60.87	10.88	33.57	5.74
临 夏	4.51	0.97	1.17	0.19	2.90	1.28
甘 南	1.31	0.75	1.16	0.39	0.11	0.05

1-B-11 续表

地 区	法人资本	个人资本	港澳台资本	外商资本	营业收入	营业成本	销售费用
全 省	**59.93**	**32.90**	**2.00**		**536.65**	**341.21**	**8.38**
兰 州	0.05	1.09			44.38	28.64	0.60
嘉峪关		0.34			0.41	0.36	0.02
金 昌	1.16				1.05	0.92	0.02
白 银	17.91	14.69			46.56	32.95	1.00
天 水		0.54			4.58	3.34	0.03
武 威	4.37	2.32			8.02	6.95	0.40
张 掖	7.99	2.31			25.43	21.56	0.42
平 凉	6.15	3.80			84.47	54.74	3.30
酒 泉	2.30	2.81			16.65	10.39	1.94
庆 阳	1.45	1.35			280.40	168.19	0.40
定 西	0.64	0.15			0.68	0.50	0.06
陇 南	17.92	3.49	2.00		21.91	11.31	0.16
临 夏					1.19	0.79	0.01
甘 南					0.92	0.58	

主要经济指标

单位：亿元

存货	产成品	负债合计	流动负债合计	应付账款	所有者权益合计	实收资本	国家资本	集体资本
33.02	**19.44**	**825.84**	**461.73**	**103.07**	**705.68**	**154.68**	**58.73**	**1.12**
5.60	4.64	63.46	56.57	6.98	13.41	20.48	18.94	0.40
0.05	0.03	0.58	0.58	0.04	0.25	0.34		
0.36	0.36	1.02	1.01	0.06	1.55	1.16		
3.89	2.76	38.18	34.43	8.32	77.05	35.96	3.37	
1.20	0.10	9.24	8.23	0.71	2.11	1.39	0.80	0.05
0.99	0.56	32.54	23.40	3.05	4.09	6.74		0.05
2.48	1.67	41.76	39.21	5.89	17.29	10.85	0.55	
6.30	3.52	82.55	68.95	9.67	93.21	34.43	24.09	0.39
3.57	1.58	59.82	55.70	8.67	8.39	6.55	1.20	0.24
4.35	1.73	406.75	103.11	55.10	449.82	7.91	5.11	
0.50	0.03	6.83	6.43	0.58	0.45	0.78		
3.65	2.40	79.53	60.72	3.63	35.84	25.58	2.16	
0.06	0.06	2.50	2.30	0.34	2.01	1.81	1.81	
0.03		1.09	1.09	0.04	0.22	0.70	0.70	

单位：亿元

管理费用	财务费用	利息收入	利息支出	投资收益（损失以“－”号记）	营业利润	利润总额	亏损企业亏损额	平均用工人数（万人）
30.26	**20.30**	**1.22**	**22.13**	**0.27**	**106.44**	**100.50**	**8.64**	**7.73**
4.80	2.86	0.13	3.00		4.38	3.83	0.02	1.13
0.02	0.03		0.03		-0.02	-0.03	0.03	
0.02	0.08		0.08		0.02	0.02		
2.88	1.03	-0.31	1.20	0.06	6.71	6.67	0.30	1.41
0.40	0.15		0.06		0.56	0.57	0.10	0.06
0.51	0.47	-0.01	0.48		-0.49	-0.58	0.61	0.22
1.64	1.09		1.11		-0.17	-0.17	1.93	0.39
6.79	1.21	0.47	1.39	0.17	15.32	14.52	0.41	2.34
1.53	2.08	0.09	2.10		0.25	0.24	1.04	0.21
7.75	8.07	0.74	8.83		76.34	71.76	3.16	1.53
0.24	0.15		0.87		-0.28	-0.23	0.23	0.04
3.48	2.96	0.08	2.99	0.04	3.45	3.52	0.82	0.38
0.11	0.12	0.01			0.15	0.15		0.01
0.09					0.23	0.23		

1-B-12　按地区分组的煤炭开采

地　区	资产总计	固定资产净　额	固定资产原　价	累计折旧	流动资产合　计	应收账款
全　省	**514.23**	**171.15**	**362.19**	**184.28**	**172.61**	**14.68**
兰　州	76.87	35.12	76.62	36.84	31.05	3.26
嘉峪关						
金　昌	2.57	0.08	0.11	0.02	1.74	0.03
白　银	112.77	33.72	62.79	29.06	55.74	3.62
天　水						
武　威	35.87	20.29	27.82	7.53	8.24	1.46
张　掖	25.50	5.29	8.36	3.06	4.35	0.56
平　凉	175.76	62.95	169.74	104.70	68.85	4.73
酒　泉	1.48	0.03	0.06	0.03	0.82	0.30
庆　阳	83.41	13.67	16.69	3.02	1.83	0.71
定　西						
陇　南						
临　夏						
甘　南						

1-B-12　续表

地　区	法人资本	个人资本	港澳台资本	外商资本	营业收入	营业成本	销售费用
全　省	**36.56**	**22.71**			**188.35**	**128.41**	**5.51**
兰　州	0.05	1.09			44.38	28.64	0.60
嘉峪关							
金　昌	1.16				1.05	0.92	0.02
白　银	17.86	13.99			43.85	30.60	0.86
天　水							
武　威	4.37	1.72			7.87	6.87	0.37
张　掖	6.92	2.01			5.46	5.52	0.20
平　凉	6.15	3.80			84.47	54.74	3.30
酒　泉	0.06	0.10			1.28	1.12	0.16
庆　阳							
定　西							
陇　南							
临　夏							
甘　南							

和洗选业主要经济指标

单位：亿元

存货	产成品	负债合计	流动负债合计	应付账款	所有者权益合计	实收资本	国家资本	集体资本
17.47	**11.79**	**267.39**	**212.00**	**31.71**	**246.83**	**111.60**	**51.50**	**0.84**
5.60	4.64	63.46	56.57	6.98	13.41	20.48	18.94	0.40
0.36	0.36	1.02	1.01	0.06	1.55	1.16		
3.43	2.64	36.33	32.73	8.05	76.44	35.21	3.37	
0.84	0.42	32.11	22.97	3.05	3.76	6.14		0.05
0.59	0.17	19.86	17.76	1.44	5.64	8.93		
6.30	3.52	82.55	68.95	9.67	93.21	34.43	24.09	0.39
0.04	0.01	1.60	1.60	1.02	-0.12	0.15		
0.29	0.03	30.47	10.42	1.45	52.94	5.11	5.11	

单位：亿元

管理费用	财务费用	利息收入	利息支出	投资收益（损失以“-”号记）	营业利润	利润总额	亏损企业亏损额	平均用工人数（万人）
15.30	**6.07**	**0.28**	**6.55**	**0.23**	**24.58**	**23.07**	**2.72**	**5.19**
4.80	2.86	0.13	3.00		4.38	3.83	0.02	1.13
0.02	0.08		0.08		0.02	0.02		
2.72	1.00	-0.31	1.16	0.06	6.70	6.65	0.28	1.38
0.50	0.43	-0.01	0.45		-0.49	-0.58	0.60	0.21
0.44	0.42		0.42		-1.21	-1.21	1.26	0.08
6.79	1.21	0.47	1.39	0.17	15.32	14.52	0.41	2.34
0.03	0.02				-0.09	-0.10	0.10	
	0.05		0.05		-0.05	-0.05	0.05	0.04

1-B-13 按地区分组的石油和

地区	资产总计	固定资产净额	固定资产原价	累计折旧	流动资产合计	应收账款
全省	**757.30**	**48.42**	**105.50**	**52.80**	**36.34**	**5.40**
兰州						
嘉峪关						
金昌						
白银						
天水						
武威						
张掖						
平凉						
酒泉						
庆阳	757.30	48.42	105.50	52.80	36.34	5.40
定西						
陇南						
临夏						
甘南						

1-B-13 续表

地区	法人资本	个人资本	港澳台资本	外商资本	营业收入	营业成本	销售费用
全省					**269.94**	**159.02**	**0.29**
兰州							
嘉峪关							
金昌							
白银							
天水							
武威							
张掖							
平凉							
酒泉							
庆阳					269.94	159.02	0.29
定西							
陇南							
临夏							
甘南							

天然气开采业主要经济指标

单位：亿元

存货	产成品	负债合计	流动负债合计	应付账款	所有者权益合计	实收资本	国家资本	集体资本
3.97	**1.63**	**365.60**	**85.04**	**52.92**	**391.70**			
3.97	1.63	365.60	85.04	52.92	391.70			

单位：亿元

管理费用	财务费用	利息收入	利息支出	投资收益（损失以"–"号记）	营业利润	利润总额	亏损企业亏损额	平均用工人数（万人）
7.36	**7.95**	**0.74**	**8.67**		**75.75**	**71.07**	**3.09**	**1.26**
7.36	7.95	0.74	8.67		75.75	71.07	3.09	1.26

1-B-14 按地区分组的黑色金属

地　区	资产总计	固定资产净　额	固定资产原　价	累计折旧	流动资产合　计	应收账款
全　省	**75.27**	**15.29**	**57.50**	**20.92**	**29.81**	**4.50**
兰　州						
嘉峪关						
金　昌						
白　银						
天　水	5.40	0.45	1.16	0.72	4.48	0.12
武　威						
张　掖	16.30	11.47	21.33	9.86	1.55	0.15
平　凉						
酒　泉	52.52	2.95	34.32	10.08	23.34	4.20
庆　阳						
定　西						
陇　南	1.04	0.43	0.70	0.27	0.44	0.03
临　夏						
甘　南						

1-B-14 续表

地　区					营业收入	营业成本	销售费用
	法人资本	个人资本	港澳台资本	外商资本			
全　省	**1.77**	**0.86**			**23.36**	**17.57**	**1.34**
兰　州							
嘉峪关							
金　昌							
白　银							
天　水		0.45			0.63	0.51	
武　威							
张　掖	0.36	0.05			12.21	10.61	0.09
平　凉							
酒　泉	1.39	0.36			10.31	6.25	1.26
庆　阳							
定　西							
陇　南	0.02				0.21	0.21	
临　夏							
甘　南							

矿采选业主要经济指标

单位：亿元

存货		负债合计	流动负债合计		所有者权益合计	实收资本		
	产成品			应付账款			国家资本	集体资本
4.21	**1.71**	**64.99**	**60.02**	**8.69**	**10.28**	**3.70**	**1.02**	**0.05**
1.16	0.09	5.42	4.58	0.06	-0.02	0.50		0.05
0.91	0.90	10.66	10.62	1.76	5.64	0.51	0.10	
1.99	0.64	47.77	43.69	6.78	4.75	2.67	0.92	
0.14	0.09	1.14	1.14	0.08	-0.09	0.02		

单位：亿元

管理费用	财务费用			投资收益(损失以"–"号记)	营业利润	利润总额	亏损企业亏损额	平均用工人数(万人)
		利息收入	利息支出					
1.49	**2.35**	**0.09**	**2.29**		**-0.09**	**-0.04**	**1.36**	**0.30**
0.06	0.14				-0.10	-0.10	0.10	0.02
0.50	0.39		0.39		0.21	0.22	0.43	0.18
0.91	1.81	0.09	1.89		-0.18	-0.13	0.81	0.10
0.01	0.02		0.02		-0.02	-0.02	0.02	0.01

1-B-15 按地区分组的有色金属

地区	资产总计	固定资产净额	固定资产原价	累计折旧	流动资产合计	应收账款
全省	**140.28**	**53.72**	**72.82**	**15.76**	**41.60**	**7.87**
兰州						
嘉峪关						
金昌						
白银	1.28	0.09	0.14	0.04	1.19	0.75
天水	2.81	0.76	1.40	0.65	1.16	0.67
武威						
张掖	8.64	3.23	5.75	2.51	3.37	0.27
平凉						
酒泉	9.90	2.69	5.37	1.82	4.08	0.88
庆阳						
定西	5.54				0.83	0.03
陇南	110.80	46.19	59.00	10.34	30.87	5.23
临夏						
甘南	1.31	0.75	1.16	0.39	0.11	0.05

1-B-15 续表

地区	法人资本	个人资本	港澳台资本	外商资本	营业收入	营业成本	销售费用
全省	**18.96**	**4.24**	**2.00**		**32.69**	**18.83**	**0.14**
兰州							
嘉峪关							
金昌							
白银		0.10			2.02	1.82	
天水		0.08			2.17	1.54	0.02
武威							
张掖	0.60	0.05			3.68	2.34	0.02
平凉							
酒泉	0.86	1.02			2.82	1.72	0.04
庆阳							
定西	0.50				0.44	0.27	
陇南	17.00	3.00	2.00		20.64	10.55	0.05
临夏							
甘南					0.92	0.58	

矿采选业主要经济指标

单位：亿元

存货	产成品	负债合计	流动负债合计	应付账款	所有者权益合计	实收资本	国家资本	集体资本
4.91	**2.83**	**97.82**	**78.72**	**5.25**	**42.47**	**29.39**	**4.19**	
0.31	0.01	1.13	0.98	-0.02	0.15	0.10		
		1.66	1.65	0.57	1.15	0.68	0.60	
0.59	0.37	4.76	4.67	1.01	3.88	1.10	0.45	
0.70	0.27	7.41	7.39	0.21	2.49	2.16	0.28	
		4.99	4.93	0.09	0.55	0.50		
3.28	2.17	76.77	58.00	3.35	34.02	24.16	2.16	
0.03		1.09	1.09	0.04	0.22	0.70	0.70	

单位：亿元

管理费用	财务费用	利息收入	利息支出	投资收益（损失以"-"号记）	营业利润	利润总额	亏损企业亏损额	平均用工人数（万人）
4.73	**3.33**	**0.09**	**4.05**	**0.04**	**4.75**	**4.83**	**0.98**	**0.53**
0.12	0.04		0.04		0.04	0.04		0.01
0.26	0.03		0.03		0.28	0.29		0.03
0.49	0.09	0.01	0.09		0.54	0.55	0.05	0.04
0.47	0.21		0.17		0.27	0.28	0.09	0.07
0.12	0.10		0.82		-0.06	-0.06	0.06	0.02
3.19	2.87	0.08	2.91	0.04	3.46	3.51	0.78	0.36
0.09					0.23	0.23		

1-B-16 按地区分组的非金属

地 区	资产总计	固定资产净额	固定资产原价	累计折旧	流动资产合计	应收账款
全 省	**26.08**	**10.98**	**14.68**	**3.70**	**12.39**	**4.10**
兰 州						
嘉峪关	0.84	0.03	0.05	0.02	0.80	0.15
金 昌						
白 银	1.18	0.57	0.91	0.35	0.59	0.42
天 水	0.25	0.11	0.11		0.14	0.12
武 威	0.76	0.51	0.61	0.09	0.24	0.05
张 掖	8.61	5.59	7.61	2.01	2.42	0.94
平 凉						
酒 泉	4.30	1.80	2.42	0.62	2.35	0.55
庆 阳	0.38	0.13	0.14	0.01	0.18	0.17
定 西	1.74	0.37	0.48	0.11	0.50	-0.07
陇 南	3.53	0.90	1.17	0.27	2.27	0.48
临 夏	4.51	0.97	1.17	0.19	2.90	1.28
甘 南						

1-B-16 续表

地 区	法人资本	个人资本	港澳台资本	外商资本	营业收入	营业成本	销售费用
全 省	**1.19**	**4.04**			**10.49**	**7.21**	**1.03**
兰 州							
嘉峪关		0.34			0.41	0.36	0.02
金 昌							
白 银	0.05	0.60			0.69	0.52	0.14
天 水		0.01			0.23	0.20	
武 威		0.60			0.15	0.08	0.03
张 掖	0.10	0.21			4.07	3.09	0.10
平 凉							
酒 泉		1.34			2.25	1.30	0.49
庆 阳		0.30			0.20	0.10	0.06
定 西	0.14	0.15			0.24	0.23	0.06
陇 南	0.90	0.50			1.06	0.55	0.12
临 夏					1.19	0.79	0.01
甘 南							

矿采选业主要经济指标

单位：亿元

存货	产成品	负债合计	流动负债合计	应付账款	所有者权益合计	实收资本	国家资本	集体资本
2.35	**1.40**	**17.38**	**16.40**	**3.78**	**8.69**	**7.28**	**1.81**	**0.24**
0.05	0.03	0.58	0.58	0.04	0.25	0.34		
0.14	0.10	0.72	0.72	0.30	0.46	0.65		
0.01	0.01	0.10	0.10	0.08	0.15	0.01		
0.15	0.15	0.43	0.43		0.33	0.60		
0.38	0.22	6.47	6.16	1.67	2.13	0.32		
0.83	0.65	3.05	3.02	0.66	1.26	1.58		0.24
		0.08	0.02		0.29	0.30		
0.50	0.03	1.84	1.50	0.49	-0.10	0.28		
0.23	0.14	1.62	1.59	0.20	1.91	1.40		
0.06	0.06	2.50	2.30	0.34	2.01	1.81	1.81	

单位：亿元

管理费用	财务费用	利息收入	利息支出	投资收益（损失以"–"号记）	营业利润	利润总额	亏损企业亏损额	平均用工人数（万人）
0.93	**0.55**	**0.01**	**0.43**		**0.45**	**0.45**	**0.47**	**0.21**
0.02	0.03		0.03		-0.02	-0.03	0.03	
0.05					-0.03	-0.02	0.02	0.02
	0.01		0.01		0.01	0.01		0.01
0.01	0.03		0.03					0.01
0.20	0.20		0.20		0.29	0.28	0.19	0.09
0.12	0.04		0.04		0.24	0.20	0.05	0.03
0.02	0.01		0.01		0.01	0.01		
0.12	0.05		0.05		-0.22	-0.17	0.17	0.02
0.28	0.07		0.06		0.02	0.04	0.01	0.02
0.11	0.12	0.01			0.15	0.15		0.01

1-B-17 按地区分组的开采专业及

地 区	资产总计	固定资产净额	固定资产原价	累计折旧	流动资产合计	应收账款
全 省	**18.36**	**4.79**	**7.01**	**1.47**	**12.57**	**2.71**
兰 州						
嘉峪关						
金 昌						
白 银						
天 水	2.88	0.93	1.48	0.55	1.84	
武 威						
张 掖						
平 凉						
酒 泉						
庆 阳	15.47	3.86	5.52	0.93	10.73	2.71
定 西						
陇 南						
临 夏						
甘 南						

1-B-17 续表

地 区	法人资本	个人资本	港澳台资本	外商资本	营业收入	营业成本	销售费用
全 省	**1.45**	**1.05**			**11.80**	**10.17**	**0.06**
兰 州							
嘉峪关							
金 昌							
白 银							
天 水					1.55	1.09	0.01
武 威							
张 掖							
平 凉							
酒 泉							
庆 阳	1.45	1.05			10.26	9.08	0.05
定 西							
陇 南							
临 夏							
甘 南							

辅助性活动主要经济指标

单位：亿元

存货	产成品	负债合计	流动负债合计	应付账款	所有者权益合计	实收资本	国家资本	集体资本
0.11	**0.07**	**12.65**	**9.55**	**0.72**	**5.71**	**2.70**	**0.20**	
0.02		2.06	1.91		0.83	0.20	0.20	
0.09	0.07	10.59	7.64	0.72	4.88	2.50		

单位：亿元

管理费用	财务费用	利息收入	利息支出	投资收益(损失以“-”号记)	营业利润	利润总额	亏损企业亏损额	平均用工人数(万人)
0.45	**0.04**	**0.01**	**0.13**		**0.99**	**1.11**	**0.01**	**0.23**
0.08	-0.02		0.02		0.37	0.37		0.01
0.37	0.06	0.01	0.11		0.63	0.73	0.01	0.22

1-B-18 按地区分组的制造业

地 区	资产总计	固定资产净额	固定资产原价	累计折旧	流动资产合计	应收账款
全 省	**7656.90**	**2421.94**	**4321.13**	**1778.99**	**3588.26**	**608.37**
兰 州	2069.94	568.52	1149.74	536.91	1141.78	234.73
嘉峪关	1587.02	644.82	1093.75	444.78	511.54	34.57
金 昌	1386.65	533.76	832.28	297.50	552.28	49.03
白 银	610.01	106.63	197.05	86.50	342.38	65.92
天 水	475.60	132.93	211.20	73.69	213.10	63.14
武 威	183.10	46.90	72.26	22.48	107.01	26.22
张 掖	138.46	30.31	59.76	24.67	85.75	22.88
平 凉	51.42	22.19	36.31	14.11	17.02	2.20
酒 泉	480.99	114.71	313.22	156.20	300.17	29.66
庆 阳	118.34	43.99	84.82	37.58	54.35	9.35
定 西	214.62	67.39	95.35	25.22	107.16	21.47
陇 南	177.54	57.03	94.54	33.06	69.53	22.75
临 夏	122.34	39.47	57.91	16.81	69.60	21.67
甘 南	40.87	13.29	22.95	9.48	16.58	4.78

1-B-18 续表

地 区	法人资本	个人资本	港澳台资本	外商资本	营业收入	营业成本	销售费用
全 省	**358.66**	**159.90**	**8.46**	**5.63**	**7285.57**	**6302.88**	**131.71**
兰 州	107.80	33.80	8.28	4.70	1851.04	1416.67	40.34
嘉峪关	9.97	2.19			1369.52	1263.66	32.83
金 昌	16.41	3.79			2477.28	2359.75	14.23
白 银	68.47	17.93	0.08	0.25	336.68	290.78	6.02
天 水	13.71	19.53		0.29	205.59	165.07	8.96
武 威	19.92	16.88	0.05		131.21	109.12	6.62
张 掖	23.13	13.09		0.39	97.28	84.68	4.10
平 凉	8.19	3.27			35.15	25.53	1.29
酒 泉	11.60	15.90	0.05		255.50	204.87	4.52
庆 阳	7.49	10.11			222.41	146.54	2.11
定 西	24.24	9.90			134.42	117.19	3.11
陇 南	38.83	2.74			90.72	57.02	5.55
临 夏	8.19	9.55			56.16	47.49	1.17
甘 南	0.71	1.20			22.61	14.51	0.84

主要经济指标

单位：亿元

存货	产成品	负债合计	流动负债合计	应付账款	所有者权益合计	实收资本	国家资本	集体资本
1198.88	**364.27**	**4853.52**	**3784.57**	**831.58**	**2803.38**	**1468.54**	**843.31**	**92.48**
350.29	72.27	1222.06	981.10	306.04	847.88	412.50	243.68	14.15
205.51	71.07	1210.79	996.57	140.50	376.23	179.08	164.09	2.83
231.90	83.74	895.23	577.58	115.98	491.42	279.98	259.67	0.10
106.90	36.34	367.10	316.15	39.05	242.91	129.20	39.25	3.21
59.52	18.11	245.41	182.67	52.52	230.19	104.64	15.36	55.75
36.82	18.17	116.16	101.44	22.04	66.94	46.09	4.64	4.60
26.60	15.33	89.03	79.36	22.73	49.43	42.77	5.12	1.04
5.71	2.73	30.95	25.06	3.72	20.47	16.18	4.72	
68.64	13.32	344.02	253.48	79.10	136.96	113.84	83.98	2.30
14.37	8.10	46.45	42.60	12.70	71.89	18.89	0.08	1.22
43.04	14.37	120.90	93.12	17.17	93.72	48.25	7.83	6.28
17.89	4.09	71.81	58.96	9.62	105.73	43.08	1.51	0.01
28.81	4.93	67.78	56.02	7.59	54.55	28.69	10.64	0.31
2.87	1.70	25.82	20.46	2.79	15.05	5.35	2.74	0.69

单位：亿元

管理费用	财务费用	利息收入	利息支出	投资收益(损失以“–”号记)	营业利润	利润总额	亏损企业亏损额	平均用工人数(万人)
212.12	**119.01**	**8.64**	**114.11**	**18.72**	**180.67**	**178.40**	**103.36**	**35.51**
79.99	18.41	0.91	19.89	6.46	75.90	74.89	48.10	9.85
31.10	41.00	2.02	40.44	7.17	4.04	5.52	0.86	5.17
24.05	24.76	1.76	22.79	-0.12	33.46	30.79	3.73	4.33
13.47	13.84	0.23	10.53	1.77	11.43	10.10	6.84	3.28
17.64	4.33	0.51	5.07	2.32	12.10	12.82	3.40	3.53
6.46	2.28	0.02	2.28		5.78	6.50	3.05	1.58
4.56	1.69		1.61	0.09	1.35	2.46	1.20	1.19
1.79	0.87	0.05	0.88		5.87	5.77	0.67	0.54
13.09	4.09	2.32	3.79	0.15	-16.64	-19.82	31.39	2.44
5.44	0.43	0.32	0.72		16.87	17.15	0.90	0.68
6.10	2.61	0.28	2.26	0.04	5.05	6.26	1.65	1.25
4.67	1.80	0.04	1.84	0.82	18.05	18.11	0.42	0.98
2.35	2.12	0.18	1.22		2.56	2.94	0.62	0.45
1.43	0.77	-0.01	0.77	0.01	4.85	4.89	0.53	0.24

1-B-19 按地区分组的农副食品

地区	资产总计	固定资产净额	固定资产原价	累计折旧	流动资产合计	应收账款
全省	**274.90**	**74.48**	**110.66**	**31.93**	**147.56**	**27.24**
兰州	10.98	2.34	4.85	2.25	5.86	0.86
嘉峪关						
金昌	4.43	1.20	1.55	0.29	2.41	0.17
白银	14.32	4.18	5.67	1.49	8.01	0.85
天水	52.02	18.94	23.98	4.88	19.35	0.34
武威	49.22	10.43	15.97	5.25	31.21	6.91
张掖	54.11	12.42	24.87	9.43	33.51	6.77
平凉	2.50	0.78	1.31	0.53	1.46	0.10
酒泉	11.76	3.42	6.44	2.92	7.04	1.20
庆阳	13.20	4.48	5.37	0.78	4.55	0.58
定西	36.00	11.02	13.54	2.46	16.75	2.79
陇南	1.75	0.66	0.81	0.15	1.02	0.12
临夏	17.29	3.09	4.33	1.22	12.38	5.14
甘南	7.33	1.52	1.99	0.30	4.01	1.39

1-B-19 续表

地区	法人资本	个人资本	港澳台资本	外商资本	营业收入	营业成本	销售费用
全省	**33.02**	**33.14**	**0.13**	**1.19**	**183.61**	**161.37**	**6.53**
兰州	1.63	0.91		0.84	16.41	13.99	0.97
嘉峪关							
金昌	0.29	0.23			2.54	2.31	0.12
白银	1.44	2.00	0.08		14.92	13.11	0.42
天水	0.41	4.75			13.17	10.30	1.27
武威	6.80	7.32	0.05		46.33	42.37	1.05
张掖	14.43	5.20		0.35	36.64	31.81	1.64
平凉	0.14	0.52			3.44	3.33	0.03
酒泉	0.86	1.97			6.67	5.72	0.33
庆阳	1.00	4.16			5.92	5.49	0.16
定西	1.67	4.41			12.07	9.99	0.26
陇南	0.33	0.03			0.57	0.48	0.01
临夏	3.89	0.45			22.53	20.22	0.13
甘南	0.12	1.20			2.41	2.26	0.14

加工业主要经济指标

单位：亿元

存货	产成品	负债合计	流动负债合计	应付账款	所有者权益合计	实收资本	国家资本	集体资本
49.31	**28.18**	**139.91**	**110.92**	**20.41**	**134.99**	**76.69**	**5.25**	**3.95**
1.75	0.51	5.61	4.98	1.51	5.36	3.46	0.09	
0.69	0.24	2.56	1.78	0.25	1.87	0.52		
4.03	2.53	7.70	6.35	1.65	6.62	3.56	0.04	
3.11	0.46	21.51	7.67	1.97	30.51	5.26	0.10	
14.48	7.01	24.74	22.82	4.17	24.48	16.45	0.81	1.47
11.52	6.91	31.14	29.54	5.61	22.97	24.08	3.72	0.38
0.59	0.28	1.51	1.20	0.03	0.99	0.67		
2.64	2.13	10.10	9.87	2.06	1.66	3.85	0.03	0.99
1.79	0.66	8.33	5.50	1.80	4.87	5.23	0.07	
5.49	4.48	18.10	13.46	0.94	17.91	6.51		0.43
0.18	0.16	0.59	0.51	0.07	1.17	0.76	0.40	
1.72	1.52	3.74	3.44	0.04	13.55	4.34		
1.31	1.30	4.28	3.78	0.32	3.05	2.01		0.69

单位：亿元

管理费用	财务费用	利息收入	利息支出	投资收益（损失以"－"号记）	营业利润	利润总额	亏损企业亏损额	平均用工人数（万人）
7.20	**3.37**	**0.28**	**3.84**	**0.39**	**4.79**	**6.38**	**3.18**	**2.04**
0.62	0.08	0.02	0.09	-0.01	0.72	0.76	0.13	0.13
0.13	0.06		0.07		-0.09	0.11		0.04
0.52	0.35	0.05	0.35		0.47	0.53	0.08	0.11
0.70	0.15	0.16	0.68	0.32	1.12	1.25		0.42
1.28	0.71	0.03	0.72	-0.01	0.83	1.16	0.84	0.35
2.22	0.58		0.56	0.08	0.24	0.74	0.60	0.39
0.07	0.08	0.01	0.08		-0.07	-0.06	0.10	0.02
0.44	0.18		0.19		-0.38	-0.43	0.62	0.16
0.30	0.36		0.36		-0.38	-0.25	0.48	0.10
0.48	0.45		0.40	0.01	0.89	1.03	0.12	0.17
0.02	0.01		0.01		0.05	0.05		0.03
0.32	0.27	0.02	0.25		1.58	1.65		0.08
0.10	0.09		0.09		-0.18	-0.17	0.21	0.05

1-B-20 按地区分组的食品

地 区	资产总计	固定资产净额	固定资产原价	累计折旧	流动资产合计	应收账款
全 省	**95.62**	**26.30**	**40.69**	**12.90**	**47.35**	**10.09**
兰 州	23.84	4.67	8.08	3.24	12.58	2.07
嘉峪关	2.85	1.30	1.68	0.38	0.82	0.11
金 昌	1.69	0.67	0.85	0.19	0.76	0.21
白 银	5.21	1.86	2.63	0.77	2.05	0.69
天 水	4.83	0.49	1.20	0.42	2.54	0.35
武 威	11.82	4.85	7.93	3.07	6.26	1.53
张 掖	5.96	1.95	3.77	1.82	2.18	0.25
平 凉						
酒 泉	7.43	2.60	4.02	1.42	3.85	1.99
庆 阳	5.53	2.44	2.74	0.27	2.44	0.58
定 西	8.94	2.30	2.61	0.31	5.59	0.99
陇 南						
临 夏	7.44	1.86	3.53	0.68	2.89	1.14
甘 南	10.09	1.32	1.64	0.31	5.41	0.20

1-B-20 续表

地 区	法人资本	个人资本	港澳台资本	外商资本	营业收入	营业成本	销售费用
全 省	**12.36**	**4.32**	**0.40**		**63.73**	**48.82**	**5.25**
兰 州	2.63	1.17	0.40		19.79	15.83	1.84
嘉峪关					1.62	1.07	0.17
金 昌	0.10				1.31	1.10	0.03
白 银	0.41	0.24			2.91	2.48	0.15
天 水	0.05	0.28			1.93	1.58	0.11
武 威	2.54	0.09			16.81	10.69	1.98
张 掖	2.64	0.13			2.45	1.69	0.11
平 凉							
酒 泉		1.36			4.47	4.03	0.16
庆 阳	0.76	0.71			2.66	2.43	0.07
定 西	0.96	0.35			3.50	2.47	0.18
陇 南							
临 夏	2.02				2.90	2.56	0.28
甘 南	0.25				3.39	2.89	0.17

制造业主要经济指标

单位：亿元

存货		负债合计	流动负债合计		所有者权益合计	实收资本		
	产成品			应付账款			国家资本	集体资本
12.00	**5.07**	**50.82**	**39.86**	**8.01**	**44.80**	**20.62**	**1.24**	**2.30**
0.52	0.13	9.63	9.14	2.19	14.20	4.37		0.18
0.38	0.02	1.63	1.60	0.47	1.22	1.00		1.00
0.30	0.14	0.88	0.78	0.03	0.81	0.40	0.30	
0.46	0.12	3.28	2.95	0.49	1.92	0.65		
0.79	0.38	3.67	2.82	0.21	1.16	0.37		0.05
2.33	0.63	5.25	4.80	1.24	6.58	2.63		
1.13	0.51	2.16	1.71	0.43	3.80	2.77		
1.27	0.94	4.47	3.96	2.45	2.95	2.99	0.94	0.69
0.94	0.49	3.18	2.81	0.37	2.35	1.48		
2.01	0.78	3.52	2.27	0.40	5.41	1.39		0.08
1.12	0.61	5.34	3.75	-0.36	2.10	2.31		0.29
0.75	0.30	7.80	3.26	0.11	2.29	0.25		

单位：亿元

管理费用	财务费用			投资收益（损失以"–"号记）	营业利润	利润总额	亏损企业亏损额	平均用工人数（万人）
		利息收入	利息支出					
2.80	**1.49**	**0.16**	**1.33**		**5.20**	**5.60**	**1.16**	**0.89**
0.80	0.20	0.02	0.22		1.13	1.13		0.17
0.19	0.03		0.03		0.14	0.14		0.02
0.06	0.02		0.02		0.10	0.10		0.02
0.19	0.07		0.05		-0.02		0.09	0.05
0.10	0.18		0.17		-0.05	-0.05	0.15	0.06
0.33	0.07	-0.01	0.07		3.64	3.77	0.04	0.33
0.13	0.06		0.06		0.50	0.49		0.03
0.16	0.17		0.17		-0.05		0.10	0.03
0.09	0.09		0.09		-0.02	-0.02	0.12	0.07
0.29	0.10		0.08		0.46	0.56		0.03
0.23	0.21	0.13	0.07		-0.40	-0.35	0.35	0.05
0.23	0.30		0.30		-0.21	-0.19	0.31	0.03

1-B-21 按地区分组的酒、饮料和

地区	资产总计					
		固定资产净额	固定资产原价	累计折旧	流动资产合计	
						应收账款
全省	**135.09**	**43.44**	**68.96**	**25.12**	**69.62**	**13.35**
兰州	29.10	9.37	15.43	6.05	16.93	5.51
嘉峪关	5.85	1.93	3.48	1.56	3.82	0.15
金昌	5.85	1.12	2.17	1.04	4.08	0.58
白银	1.36	0.42	0.61	0.19	0.36	0.09
天水	19.40	7.00	13.19	5.86	11.15	3.26
武威	10.71	2.25	4.68	2.44	4.97	0.45
张掖	16.48	3.57	6.81	3.22	9.27	1.83
平凉	1.36	0.57	0.85	0.28	0.38	0.02
酒泉	4.08	2.14	2.61	0.48	1.60	0.15
庆阳	3.61	0.92	1.36	0.44	0.78	0.17
定西	0.18	0.01	0.02	0.01	0.13	
陇南	33.22	13.14	16.48	3.31	13.98	1.04
临夏	3.89	0.99	1.25	0.26	2.17	0.10
甘南						

1-B-21 续表

地区					营业收入	营业成本	销售费用
	法人资本	个人资本	港澳台资本	外商资本			
全省	**15.07**	**5.93**		**3.69**	**85.41**	**58.07**	**11.10**
兰州	4.24			3.40	31.27	21.90	6.66
嘉峪关					1.19	0.51	0.39
金昌	0.85	0.95			2.77	2.18	0.21
白银		0.19			0.69	0.64	0.01
天水	3.13			0.29	9.51	7.44	0.77
武威	0.07	1.76			3.83	2.90	0.06
张掖	0.35	2.03			14.40	12.89	0.46
平凉	0.30				0.60	0.49	0.05
酒泉	0.50	0.39			0.58	0.20	0.03
庆阳	0.80				0.92	0.89	0.09
定西					0.34	0.28	
陇南	3.94	0.60			18.62	7.30	2.33
临夏	0.89	0.02			0.70	0.46	0.05
甘南							

精制茶制造业主要经济指标

单位：亿元

存货	产成品	负债合计	流动负债合计	应付账款	所有者权益合计	实收资本	国家资本	集体资本
31.01	**11.00**	**67.59**	**56.99**	**10.06**	**67.49**	**31.10**	**4.27**	**2.13**
3.32	1.18	11.66	10.43	1.88	17.43	7.91	0.27	
1.26	1.08	5.43	5.39	0.57	0.42	1.00	1.00	
2.75	0.75	2.88	2.86	0.15	2.97	1.80		
0.10	0.08	0.04	0.04	0.04	1.32	0.19		
6.35	2.64	11.86	10.60	1.14	7.54	4.76	1.33	
2.45	1.18	8.44	5.35	1.45	2.27	3.80		1.97
3.51	1.41	8.25	6.05	1.97	8.24	3.74	1.33	0.03
0.35	0.35	1.50	1.50		-0.15	0.30		
1.27	0.07	2.34	2.29	0.22	1.73	0.89		
0.44	0.39	3.37	3.34	0.14	0.24	0.80		
		0.04	0.04		0.14	0.14		0.14
8.75	1.41	10.07	7.41	2.42	23.14	4.88	0.34	
0.46	0.45	1.70	1.70	0.08	2.20	0.91		

单位：亿元

管理费用	财务费用	利息收入	利息支出	投资收益（损失以“－”号记）	营业利润	利润总额	亏损企业亏损额	平均用工人数（万人）
4.73	**0.75**	**0.07**	**1.88**	**0.30**	**5.77**	**6.31**	**1.21**	**1.16**
1.12	-0.35		0.75	0.30	1.18	1.25	0.40	0.30
0.13	0.07		0.07		-0.05	-0.05	0.05	0.05
0.14	0.14		0.14		0.09	0.11		0.04
0.01	0.01		0.01		0.02	0.02		
0.51	0.33		0.30		0.33	0.42	0.06	0.14
0.43	0.12	-0.01	0.12		0.01	0.16	0.22	0.08
0.41	0.22		0.23		-0.08	0.03	0.29	0.17
0.02	0.07		0.07		-0.03	-0.03	0.03	0.02
0.17	0.07		0.07		-0.04	-0.03	0.07	0.03
0.03	-0.04		-0.04		-0.12	-0.10	0.10	0.02
					0.06	0.06		
1.71	0.06	0.08	0.12	0.01	4.36	4.43		0.25
0.05	0.05		0.04		0.03	0.03		0.04

1-B-22 按地区分组的烟草

地 区	资产总计	固定资产净额	固定资产原价	累计折旧	流动资产合计	应收账款
全 省	**173.92**	**33.30**	**59.88**	**26.58**	**135.83**	**12.43**
兰 州	173.92	33.30	59.88	26.58	135.83	12.43
嘉峪关						
金 昌						
白 银						
天 水						
武 威						
张 掖						
平 凉						
酒 泉						
庆 阳						
定 西						
陇 南						
临 夏						
甘 南						

1-B-22 续表

地 区	法人资本	个人资本	港澳台资本	外商资本	营业收入	营业成本	销售费用
全 省					**151.92**	**48.01**	**1.84**
兰 州					151.92	48.01	1.84
嘉峪关							
金 昌							
白 银							
天 水							
武 威							
张 掖							
平 凉							
酒 泉							
庆 阳							
定 西							
陇 南							
临 夏							
甘 南							

制品业主要经济指标

单位：亿元

存货	产成品	负债合计	流动负债合计	应付账款	所有者权益合计	实收资本	国家资本	集体资本
93.35	**4.41**	**66.98**	**65.48**	**22.58**	**106.94**	**37.23**	**37.23**	
93.35	4.41	66.98	65.48	22.58	106.94	37.23	37.23	

单位：亿元

管理费用	财务费用	利息收入	利息支出	投资收益（损失以“-”号记）	营业利润	利润总额	亏损企业亏损额	平均用工人数（万人）
4.73	**0.36**	**0.07**	**0.43**	**0.05**	**6.91**	**6.84**		**0.27**
4.73	0.36	0.07	0.43	0.05	6.91	6.84		0.27

1-B-23 按地区分组的纺织业

地区	资产总计	固定资产净额	固定资产原价	累计折旧	流动资产合计	应收账款
全省	**31.42**	**6.68**	**9.28**	**2.58**	**9.03**	**1.17**
兰州	20.34	3.85	6.19	2.34	3.74	0.70
嘉峪关						
金昌						
白银						
天水	1.88	0.23	0.33	0.10	1.17	0.20
武威						
张掖						
平凉	6.31	2.25	2.25		2.08	
酒泉						
庆阳	2.13	0.24	0.36	0.11	1.89	0.26
定西						
陇南						
临夏	0.75	0.11	0.15	0.03	0.14	0.02
甘南						

1-B-23 续表

地区	法人资本	个人资本	港澳台资本	外商资本	营业收入	营业成本	销售费用
全省	**1.01**	**1.31**			**9.09**	**8.10**	**0.26**
兰州		1.07			3.84	3.22	0.15
嘉峪关							
金昌							
白银							
天水		0.20			1.18	0.97	0.05
武威							
张掖							
平凉	1.00				3.17	3.10	0.05
酒泉							
庆阳		0.04			0.66	0.62	0.01
定西							
陇南							
临夏	0.01				0.24	0.18	
甘南							

主要经济指标

单位：亿元

存货	产成品	负债合计	流动负债合计	应付账款	所有者权益合计	实收资本	国家资本	集体资本
2.41	**1.03**	**15.04**	**14.08**	**2.61**	**16.38**	**5.22**	**2.66**	**0.24**
1.50	0.58	4.86	4.39	0.73	15.48	3.95	2.66	0.22
0.20	0.03	1.77	1.77	0.09	0.11	0.20		
0.28	0.11	5.54	5.14	0.33	0.77	1.00		
0.33	0.21	2.69	2.61	1.46	-0.55	0.04		
0.10	0.10	0.18	0.18		0.57	0.03		0.02

单位：亿元

管理费用	财务费用	利息收入	利息支出	投资收益（损失以"-"号记）	营业利润	利润总额	亏损企业亏损额	平均用工人数（万人）
0.62	**0.32**	**0.01**	**0.30**	**0.02**	**-0.15**	**0.02**	**0.22**	**0.28**
0.40	0.11	-0.01	0.10	0.02	0.04	0.10		0.13
0.12	0.01		0.01		0.02	0.03	0.04	0.06
0.09	0.10	0.02	0.10		-0.17	-0.08	0.08	0.07
0.02	0.10		0.10		-0.10	-0.09	0.09	0.02
					0.05	0.05		0.01

1-B-24 按地区分组的纺织服装、

地 区	资产总计	固定资产净额	固定资产原价	累计折旧	流动资产合计	应收账款
全 省	**3.05**	**0.75**	**1.39**	**0.64**	**2.07**	**0.33**
兰 州	0.75	0.10	0.33	0.23	0.65	0.04
嘉峪关	0.57	0.02	0.06	0.03	0.55	0.03
金 昌						
白 银						
天 水						
武 威	0.41	0.14	0.26	0.12	0.26	0.01
张 掖						
平 凉						
酒 泉	0.54	0.17	0.25	0.09	0.27	0.07
庆 阳	0.78	0.31	0.49	0.17	0.33	0.17
定 西						
陇 南						
临 夏						
甘 南						

1-B-24 续表

地 区	法人资本	个人资本	港澳台资本	外商资本	营业收入	营业成本	销售费用
全 省	**0.38**	**0.04**			**1.97**	**0.95**	**0.03**
兰 州					0.48	0.15	
嘉峪关					0.35	0.27	
金 昌							
白 银							
天 水							
武 威					0.56	0.17	
张 掖							
平 凉							
酒 泉					0.31	0.15	0.01
庆 阳	0.38	0.04			0.27	0.21	0.03
定 西							
陇 南							
临 夏							
甘 南							

服饰业主要经济指标

单位：亿元

存货	产成品	负债合计	流动负债合计	应付账款	所有者权益合计	实收资本	国家资本	集体资本
0.34	**0.15**	**1.27**	**1.22**	**0.41**	**1.78**	**0.73**	**0.29**	**0.02**
0.04	0.01	0.20	0.17	0.03	0.55	0.14	0.14	
0.17	0.10	0.25	0.25	0.24	0.33	0.02		0.02
		0.24	0.23	0.01	0.17	0.05	0.05	
0.06	0.04	0.20	0.18	0.10	0.34	0.10	0.10	
0.07		0.39	0.39	0.03	0.39	0.42		

单位：亿元

管理费用	财务费用	利息收入	利息支出	投资收益（损失以“-”号记）	营业利润	利润总额	亏损企业亏损额	平均用工人数（万人）
0.73	**-0.01**	**-0.02**	**0.01**		**0.23**	**0.06**	**0.04**	**0.10**
0.25	-0.02	-0.02			0.08	0.03		0.01
0.03					0.05	0.06		0.01
0.26					0.12	0.01		
0.17					-0.02	-0.04	0.04	0.04
0.02	0.01		0.01		0.01	0.01		0.03

1-B-25　按地区分组的皮革、毛皮、

地　区	资产总计	固定资产净　额	固定资产原　价	累计折旧	流动资产合　计	应收账款
全　省	**52.85**	**3.04**	**4.22**	**0.74**	**47.08**	**11.36**
兰　州	14.55	1.49	1.78	0.29	12.16	0.51
嘉峪关						
金　昌						
白　银						
天　水	2.23	1.24	1.37	0.13	0.84	0.29
武　威						
张　掖						
平　凉						
酒　泉						
庆　阳						
定　西						
陇　南						
临　夏	36.08	0.31	1.07	0.32	34.08	10.56
甘　南						

1-B-25　续表

地　区	法人资本	个人资本	港澳台资本	外商资本	营业收入	营业成本	销售费用
全　省	**0.72**	**2.31**			**6.15**	**3.63**	**0.13**
兰　州					0.60	0.49	0.04
嘉峪关							
金　昌							
白　银							
天　水	0.09				0.98	0.81	0.03
武　威							
张　掖							
平　凉							
酒　泉							
庆　阳							
定　西							
陇　南							
临　夏	0.63	2.31			4.57	2.33	0.06
甘　南							

羽毛及其制品和制鞋业主要经济指标

单位：亿元

存货	产成品	负债合计	流动负债合计	应付账款	所有者权益合计	实收资本	国家资本	集体资本
21.07	**0.50**	**26.54**	**23.05**	**4.84**	**26.31**	**4.54**	**1.50**	
0.68	0.29	6.24	5.34	0.28	8.30	1.50	1.50	
0.36	0.20	0.72	0.70	0.17	1.51	0.09		
20.02	0.01	19.57	17.01	4.39	16.51	2.95		

单位：亿元

管理费用	财务费用	利息收入	利息支出	投资收益（损失以“-”号记）	营业利润	利润总额	亏损企业亏损额	平均用工人数（万人）
0.51	**0.80**		**0.04**		**0.69**	**0.70**	**0.30**	**0.15**
0.28	0.04		0.02		-0.30	-0.30	0.30	0.06
0.08	0.02		0.02		0.04	0.04		0.06
0.16	0.74				0.95	0.95		0.02

1-B-26 按地区分组的木材加工和木、

地区	资产总计	固定资产净额	固定资产原价	累计折旧	流动资产合计	应收账款
全省	**1.13**	**0.20**	**0.26**	**0.06**	**0.83**	**0.09**
兰州						
嘉峪关						
金昌						
白银	0.45	0.09	0.10	0.01	0.31	0.09
天水						
武威						
张掖	0.68	0.11	0.16	0.05	0.52	
平凉						
酒泉						
庆阳						
定西						
陇南						
临夏						
甘南						

1-B-26 续表

地区	法人资本	个人资本	港澳台资本	外商资本	营业收入	营业成本	销售费用
全省	**0.24**	**0.08**			**0.90**	**0.94**	**0.05**
兰州							
嘉峪关							
金昌							
白银	0.24				0.52	0.60	0.05
天水							
武威							
张掖		0.08			0.38	0.34	
平凉							
酒泉							
庆阳							
定西							
陇南							
临夏							
甘南							

竹、藤、棕、草制品业主要经济指标

单位：亿元

存货	产成品	负债合计	流动负债合计	应付账款	所有者权益合计	实收资本	国家资本	集体资本
0.53	**0.45**	**0.84**	**0.84**	**0.22**	**0.28**	**0.32**		
0.20	0.13	0.21	0.21	0.04	0.24	0.24		
0.33	0.33	0.63	0.63	0.19	0.04	0.08		

单位：亿元

管理费用	财务费用	利息收入	利息支出	投资收益（损失以“－”号记）	营业利润	利润总额	亏损企业亏损额	平均用工人数（万人）
0.04	**0.02**		**0.02**		**-0.15**	**-0.14**	**0.14**	**0.02**
0.01					-0.14	-0.14	0.14	0.01
0.03	0.01		0.01		-0.01			0.01

1-B-27　按地区分组的家具

地　区	资产总计	固定资产净　额	固定资产原　价	累计折旧	流动资产合　计	应收账款
全　省	**2.66**	**0.22**	**0.49**	**0.15**	**0.69**	**0.04**
兰　州						
嘉峪关						
金　昌						
白　银						
天　水						
武　威	2.53	0.22	0.27	0.05	0.58	0.04
张　掖	0.13		0.22	0.10	0.11	0.01
平　凉						
酒　泉						
庆　阳						
定　西						
陇　南						
临　夏						
甘　南						

1-B-27　续表

地　区	法人资本	个人资本	港澳台资本	外商资本	营业收入	营业成本	销售费用
全　省	**0.02**	**0.20**			**0.25**	**0.24**	**0.01**
兰　州							
嘉峪关							
金　昌							
白　银							
天　水							
武　威		0.20			0.20	0.19	0.01
张　掖	0.02				0.05	0.05	
平　凉							
酒　泉							
庆　阳							
定　西							
陇　南							
临　夏							
甘　南							

制造业主要经济指标

单位：亿元

存货	产成品	负债合计	流动负债合计	应付账款	所有者权益合计	实收资本	国家资本	集体资本
0.47		**2.17**	**0.17**	**-0.06**	**0.49**	**0.22**		
0.44		2.05	0.05	-0.06	0.48	0.20		
0.03		0.11	0.11		0.01	0.02		

单位：亿元

管理费用	财务费用	利息收入	利息支出	投资收益（损失以“-”号记）	营业利润	利润总额	亏损企业亏损额	平均用工人数（万人）
0.02	**0.12**		**0.12**		**-0.15**	**-0.14**	**0.14**	**0.02**
0.01	0.12		0.12		-0.14	-0.13	0.13	0.02
					-0.01	-0.01	0.01	

1-B-28 按地区分组的造纸和

地 区	资产总计	固定资产净额	固定资产原价	累计折旧	流动资产合计	应收账款
全 省	**14.64**	**5.87**	**7.07**	**1.20**	**6.37**	**0.87**
兰 州	3.15	1.81	2.13	0.32	1.27	0.20
嘉峪关						
金 昌						
白 银						
天 水	2.00	0.64	0.70	0.06	0.98	0.14
武 威	0.19	0.09	0.09	0.01	0.09	0.02
张 掖	0.58	0.07	0.16	0.09	0.47	0.10
平 凉	7.57	2.74	3.42	0.67	2.94	0.26
酒 泉						
庆 阳						
定 西	1.15	0.52	0.57	0.05	0.62	0.15
陇 南						
临 夏						
甘 南						

1-B-28 续表

地 区	法人资本	个人资本	港澳台资本	外商资本	营业收入	营业成本	销售费用
全 省	**1.01**	**2.29**			**9.60**	**9.09**	**0.10**
兰 州	0.08	0.30			3.96	3.91	0.06
嘉峪关							
金 昌							
白 银							
天 水	0.67	0.24			1.17	1.05	0.02
武 威		0.10			0.18	0.17	
张 掖		0.30			0.23	0.24	
平 凉	0.20	1.35			3.08	2.79	0.02
酒 泉							
庆 阳							
定 西	0.06				0.98	0.93	
陇 南							
临 夏							
甘 南							

纸制品业主要经济指标

单位：亿元

存货	产成品	负债合计	流动负债合计	应付账款	所有者权益合计	实收资本	国家资本	集体资本
2.38	**1.33**	**8.72**	**5.88**	**0.99**	**5.92**	**3.60**		**0.30**
0.75	0.55	2.45	2.45	0.48	0.70	0.68		0.30
0.34	0.29	0.90	0.62	0.04	1.10	0.91		
0.04	0.04	0.09	0.09	0.06	0.10	0.10		
0.07	0.04	0.32	0.32	0.08	0.26	0.30		
0.89	0.29	4.59	2.04	0.20	2.98	1.55		
0.29	0.13	0.36	0.36	0.13	0.79	0.06		

单位：亿元

管理费用	财务费用	利息收入	利息支出	投资收益（损失以"–"号记）	营业利润	利润总额	亏损企业亏损额	平均用工人数（万人）
0.27	**0.24**		**0.23**		**-0.16**	**-0.24**	**0.36**	**0.17**
0.08	0.05		0.05		-0.17	0.01	0.01	0.04
0.04	0.03		0.03		0.03	0.03		0.03
0.01								
0.02					-0.04	-0.02	0.02	0.01
0.12	0.15		0.15		-0.01	-0.28	0.33	0.08
0.01	0.01		0.01		0.02	0.02		0.02

1-B-29　按地区分组的印刷和记录

地　区	资产总计					
		固定资产净　额	固定资产原　价	累计折旧	流动资产合　计	
						应收账款
全　省	**11.39**	**3.12**	**7.66**	**4.40**	**6.26**	**0.98**
兰　州	4.85	1.61	4.62	3.01	2.66	0.38
嘉峪关						
金　昌	0.61	0.13	0.25	0.13	0.46	0.01
白　银						
天　水	4.32	0.98	2.00	1.02	2.32	0.44
武　威	0.91	0.39	0.60	0.21	0.48	0.07
张　掖						
平　凉						
酒　泉						
庆　阳						
定　西	0.70	0.02	0.18	0.03	0.33	0.09
陇　南						
临　夏						
甘　南						

1-B-29　续表

地　区					营业收入	营业成本	销售费用
	法人资本	个人资本	港澳台资本	外商资本			
全　省	**0.92**	**1.23**			**4.56**	**3.93**	**0.11**
兰　州	0.29	0.30			2.67	2.39	0.03
嘉峪关							
金　昌	0.23				0.36	0.28	0.01
白　银							
天　水		0.83			0.85	0.66	0.05
武　威	0.39				0.47	0.45	
张　掖							
平　凉							
酒　泉							
庆　阳							
定　西		0.10			0.22	0.16	0.01
陇　南							
临　夏							
甘　南							

媒介复制业主要经济指标

单位：亿元

存货		负债合计	流动负债合计		所有者权益合计	实收资本		
	产成品			应付账款			国家资本	集体资本
1.41	**0.25**	**9.70**	**9.12**	**1.73**	**1.69**	**2.58**	**0.33**	**0.10**
0.86	0.18	4.30	4.06	0.93	0.54	1.03	0.33	0.10
0.01		0.12	0.12	0.12	0.48	0.23		
0.33	0.02	4.60	4.31	0.53	-0.28	0.83		
0.18	0.01	0.46	0.42	0.14	0.46	0.39		
0.05	0.03	0.22	0.21	0.01	0.49	0.10		

单位：亿元

管理费用	财务费用			投资收益（损失以“-”号记）	营业利润	利润总额	亏损企业亏损额	平均用工人数（万人）
		利息收入	利息支出					
0.75	**0.15**		**0.15**		**-0.43**	**-0.38**	**0.48**	**0.24**
0.51	0.03		0.04		-0.32	-0.28	0.31	0.15
0.04					0.02	0.02		0.03
0.19	0.10		0.10		-0.16	-0.16	0.16	0.05
0.01	0.01		0.01			0.01		0.01
0.01	0.01		0.01		0.03	0.03		0.01

1-B-30　按地区分组的文教、工美、体育

地　区	资产总计	固定资产净　额	固定资产原　价	累计折旧	流动资产合　计	
						应收账款
全　省	**2.65**	**0.55**	**0.71**	**0.15**	**1.82**	**0.09**
兰　州						
嘉峪关						
金　昌						
白　银						
天　水	0.95	0.20	0.22	0.02	0.68	0.05
武　威						
张　掖						
平　凉						
酒　泉						
庆　阳						
定　西						
陇　南						
临　夏	1.70	0.35	0.49	0.14	1.14	0.03
甘　南						

1-B-30　续表

地　区					营业收入	营业成本	销售费用
	法人资本	个人资本	港澳台资本	外商资本			
全　省	**0.30**	**1.00**			**1.43**	**1.19**	**0.05**
兰　州							
嘉峪关							
金　昌							
白　银							
天　水	0.20	0.22			0.47	0.37	0.02
武　威							
张　掖							
平　凉							
酒　泉							
庆　阳							
定　西							
陇　南							
临　夏	0.10	0.78			0.96	0.82	0.03
甘　南							

和娱乐用品制造业主要经济指标

单位：亿元

存货	产成品	负债合计	流动负债合计	应付账款	所有者权益合计	实收资本	国家资本	集体资本
1.11	**0.72**	**0.72**	**0.67**	**0.09**	**1.93**	**1.29**		
0.40	0.22	0.11	0.11	0.01	0.84	0.42		
0.71	0.50	0.61	0.56	0.08	1.09	0.88		

单位：亿元

管理费用	财务费用	利息收入	利息支出	投资收益（损失以“–”号记）	营业利润	利润总额	亏损企业亏损额	平均用工人数（万人）
0.06	**0.04**		**0.05**		**0.05**	**0.06**		**0.03**
0.03	0.01		0.01		0.02	0.02		0.01
0.03	0.03		0.03		0.03	0.05		0.02

1-B-31 按地区分组的石油、煤炭及

地区	资产总计	固定资产净额	固定资产原价	累计折旧	流动资产合计	应收账款
全 省	**478.51**	**237.10**	**691.93**	**377.76**	**185.49**	**4.15**
兰 州	245.53	143.62	430.97	252.99	75.14	0.93
嘉峪关						
金 昌	24.05	19.28	19.37	0.09	3.85	0.53
白 银						
天 水	0.57	0.16	0.24	0.08	0.40	0.12
武 威	5.23		1.76	0.20	4.85	0.84
张 掖						
平 凉						
酒 泉	140.94	46.34	177.45	92.73	76.15	1.62
庆 阳	62.19	27.69	62.13	31.67	25.09	0.11
定 西						
陇 南						
临 夏						
甘 南						

1-B-31 续表

地区					营业收入	营业成本	销售费用
	法人资本	个人资本	港澳台资本	外商资本			
全 省	**10.40**	**3.68**	**0.03**		**962.34**	**686.40**	**8.08**
兰 州	0.34	0.19	0.03		612.06	442.02	3.56
嘉峪关							
金 昌	10.00	0.19			12.88	11.12	1.22
白 银							
天 水	0.06	0.20			0.66	0.50	0.04
武 威		1.00			4.23	4.16	0.05
张 掖							
平 凉							
酒 泉		2.10			151.75	118.16	2.69
庆 阳					180.77	110.46	0.51
定 西							
陇 南							
临 夏							
甘 南							

其他燃料加工业主要经济指标

单位：亿元

存货		负债合计	流动负债合计		所有者权益合计	实收资本		
	产成品			应付账款			国家资本	集体资本
70.03	**24.45**	**245.97**	**154.42**	**35.54**	**232.54**	**116.31**	**102.15**	**0.05**
49.32	13.13	141.01	84.30	19.85	104.52	32.00	31.39	0.05
1.24	1.02	16.75	16.59	3.20	7.30	10.19		
0.23	0.15	0.14	0.14	0.01	0.43	0.26		
2.16	0.92	4.59	2.67		0.63	1.00		
9.93	4.24	67.76	35.10	9.49	73.18	72.86	70.76	
7.15	5.00	15.72	15.62	2.98	46.47			

单位：亿元

管理费用	财务费用			投资收益（损失以“-”号记）	营业利润	利润总额	亏损企业亏损额	平均用工人数（万人）
		利息收入	利息支出					
37.30	**3.65**	**1.44**	**4.96**	**0.05**	**16.22**	**8.91**	**27.26**	**3.03**
26.74	2.72	0.18	2.76	0.05	23.51	20.09	0.24	1.77
0.12	0.43		0.43		-0.04	-0.03	0.03	0.06
0.05					0.07	0.07		0.01
0.05	0.08		0.08		-0.11	-0.11	0.11	0.02
6.44	0.75	0.94	1.69		-22.60	-26.54	26.87	1.04
3.92	-0.31	0.32	0.01		15.39	15.44		0.14

1-B-32 按地区分组的化学原料和

地 区	资产总计	固定资产净额	固定资产原价	累计折旧	流动资产合计	应收账款
全 省	**354.26**	**113.69**	**211.86**	**91.51**	**148.27**	**28.99**
兰 州	115.07	28.86	50.85	21.03	42.55	6.43
嘉峪关	10.56	5.30	11.08	5.50	4.60	2.12
金 昌	44.31	23.47	32.49	8.91	18.48	2.99
白 银	106.38	23.98	66.12	39.27	52.54	12.68
天 水	0.70	0.17	0.18	0.01	0.45	0.11
武 威	18.55	4.66	5.89	1.22	8.15	1.08
张 掖	13.39	2.80	7.65	3.26	7.45	1.27
平 凉	0.55	0.14	0.14	0.01	0.41	0.04
酒 泉	3.22	0.38	1.00	0.19	2.59	0.36
庆 阳	4.59	0.28	0.41	0.14	2.97	0.13
定 西	5.27	2.27	2.94	0.26	1.99	0.13
陇 南	7.93	3.59	4.52	0.93	2.12	0.71
临 夏	23.74	17.79	28.57	10.79	3.97	0.95
甘 南						

1-B-32 续表

地 区	法人资本	个人资本	港澳台资本	外商资本	营业收入	营业成本	销售费用
全 省	**26.93**	**10.85**		**0.04**	**255.76**	**213.28**	**8.54**
兰 州	15.30	2.86			72.34	65.51	3.07
嘉峪关	2.00				10.63	8.49	0.47
金 昌	2.66	0.45			48.05	45.65	1.12
白 银	4.18	1.65			75.05	50.68	2.26
天 水	0.10	0.05			0.92	0.84	0.01
武 威	0.87	1.99			7.53	7.07	0.18
张 掖	0.58	0.91		0.04	12.52	10.95	0.39
平 凉		0.22			0.44	0.30	0.03
酒 泉	0.05	0.30			3.13	2.86	0.03
庆 阳	0.08	1.77			11.87	10.03	0.41
定 西	1.00	0.40			2.55	2.21	0.02
陇 南	0.12	0.26			1.44	0.90	0.16
临 夏					9.28	7.80	0.40
甘 南							

化学制品制造业主要经济指标

单位：亿元

存货	产成品	负债合计	流动负债合计	应付账款	所有者权益合计	实收资本	国家资本	集体资本
36.01	**16.60**	**209.83**	**166.04**	**38.68**	**144.43**	**101.19**	**54.32**	**9.05**
8.50	4.57	58.94	52.76	10.94	56.13	51.50	28.65	4.69
0.99	0.16	5.62	5.03	0.70	4.94	2.80		0.80
7.75	2.50	35.27	21.89	7.85	9.04	10.84	7.74	
8.79	4.69	49.23	37.20	11.31	57.15	19.64	10.61	3.20
0.17	0.08	0.30	0.30	0.02	0.40	0.15		
1.05	0.43	20.52	19.01	2.74	-1.97	2.95		0.10
2.98	1.32	11.73	9.39	1.60	1.66	1.53		
0.07	0.04	0.25	0.25	0.05	0.30	0.22		
0.82	0.65	2.83	2.83	0.70	0.39	0.35		
0.80	0.64	0.87	0.86	0.24	3.71	2.11	0.01	0.26
1.47	0.84	3.56	3.53	0.73	1.71	1.41	0.01	
1.11	0.25	3.67	1.75	0.06	4.26	0.55	0.17	
1.50	0.43	17.04	11.24	1.75	6.70	7.14	7.14	

单位：亿元

管理费用	财务费用	利息收入	利息支出	投资收益（损失以“-”号记）	营业利润	利润总额	亏损企业亏损额	平均用工人数（万人）
16.00	**4.92**	**0.20**	**5.10**	**2.49**	**11.69**	**10.82**	**8.10**	**2.65**
4.93	1.07	0.15	1.14	2.06	-0.46	-0.09	2.79	0.89
0.43	0.09	0.01	0.10		1.06	1.06		0.09
1.48	0.96	-0.01	0.96	-0.19	-1.67	-1.67	2.38	0.33
6.61	1.06	0.02	1.20	0.62	12.20	10.56	1.53	0.76
0.02	0.04		0.04		0.01	0.01		0.02
0.64	0.39		0.37		-0.76	-0.78	1.05	0.12
0.48	0.27		0.24		0.25	0.40	0.09	0.19
0.04					0.07	0.07		0.01
0.13	0.01		0.01		0.10	0.10	0.01	0.03
0.20	0.03		0.03		1.19	1.20	0.03	0.03
0.18	0.10		0.10		0.03	0.04	0.01	0.03
0.14	0.16		0.16		0.06	0.12		0.05
0.72	0.73	0.02	0.75		-0.39	-0.20	0.21	0.12

1-B-33 按地区分组的医药

地 区	资产总计	固定资产净 额	固定资产原 价	累计折旧	流动资产合 计	应收账款
全 省	**264.52**	**51.95**	**77.55**	**25.24**	**165.62**	**28.37**
兰 州	134.47	31.07	46.08	14.89	81.77	11.81
嘉峪关						
金 昌	0.27	0.13	0.16	0.04	0.09	0.02
白 银	2.47	0.12	0.14	0.02	1.49	0.09
天 水	20.16	2.81	3.56	0.67	12.24	0.93
武 威	13.83	2.88	4.54	1.65	9.33	1.61
张 掖	7.04	2.40	3.14	0.75	3.01	0.50
平 凉	4.70	0.59	0.84	0.25	1.15	0.38
酒 泉	4.87	1.24	2.99	1.75	3.15	0.07
庆 阳	3.83	0.51	0.85	0.33	2.91	1.53
定 西	56.34	7.75	11.11	3.20	37.71	8.35
陇 南	14.24	2.02	3.51	1.49	11.81	2.96
临 夏	1.90	0.25	0.28	0.03	0.74	0.12
甘 南	0.42	0.18	0.35	0.17	0.23	

1-B-33 续表

地 区	法人资本	个人资本	港澳台资本	外商资本	营业收入	营业成本	销售费用
全 省	**20.13**	**10.22**			**112.41**	**65.70**	**13.07**
兰 州	6.24	3.60			50.62	19.55	7.57
嘉峪关							
金 昌	0.10				0.21	0.17	0.02
白 银		0.13			1.56	1.16	0.16
天 水	0.78	1.07			3.82	2.41	0.76
武 威	1.14	0.19			6.62	3.24	1.84
张 掖	0.53	1.06			3.76	2.92	0.28
平 凉	1.26	0.10			1.00	0.66	0.06
酒 泉	0.43	0.94			2.92	2.02	0.11
庆 阳	0.51	0.04			5.68	5.25	0.07
定 西	6.68	2.07			30.96	25.74	0.63
陇 南	2.31	0.72			4.50	2.26	1.21
临 夏		0.30			0.22	0.20	
甘 南	0.14				0.54	0.11	0.37

制造业主要经济指标

单位：亿元

存货	产成品	负债合计	流动负债合计	应付账款	所有者权益合计	实收资本	国家资本	集体资本
39.36	**14.81**	**124.91**	**92.51**	**21.06**	**139.61**	**55.50**	**22.99**	**2.17**
12.41	5.20	43.90	28.33	7.66	90.56	32.06	21.86	0.36
0.07	0.05	0.09	0.09	0.02	0.17	0.10		
1.11	1.10	1.41	0.48	0.02	1.06	0.13		
5.28	2.02	16.63	11.67	1.71	3.53	2.19	0.33	
1.98	1.16	5.60	5.41	1.02	8.23	2.03	0.70	
1.23	0.69	5.44	3.67	0.79	1.60	1.59		
0.35	0.12	3.16	1.26	-0.08	1.54	1.36		
0.95	0.48	1.22	1.11	0.37	3.65	1.46	0.10	
0.94	0.32	2.72	2.61	2.05	1.11	0.91		0.35
13.61	2.79	32.94	27.54	7.09	23.40	10.21		1.45
1.28	0.82	10.39	10.11	0.38	3.85	3.04		0.01
0.08	0.04	1.13	0.07	0.02	0.76	0.30		
0.08	0.02	0.28	0.16		0.14	0.14		

单位：亿元

管理费用	财务费用	利息收入	利息支出	投资收益（损失以“–”号记）	营业利润	利润总额	亏损企业亏损额	平均用工人数（万人）
8.71	**1.81**	**0.67**	**2.36**	**0.61**	**22.64**	**23.16**	**0.88**	**1.36**
5.21	-0.02	0.42	0.68	0.60	18.61	18.85	0.14	0.56
0.01					0.01	0.01		
0.10	0.05		0.02		0.09	0.09		0.01
0.43	0.46		0.46		-0.26	-0.24	0.36	0.09
0.77	0.10	-0.02	0.12		0.60	0.70	0.04	0.12
0.35	0.11		0.10		0.09	0.15	0.02	0.07
0.07	0.26	0.01	0.26		-0.05	-0.03	0.04	0.03
0.26	0.02		0.02		0.50	0.53		0.05
0.17	0.02		0.02		0.14	0.15	0.01	0.06
1.13	0.69	0.25	0.57		2.61	2.66	0.23	0.30
0.18	0.14		0.12		0.26	0.26	0.04	0.05
0.01					0.01	0.03		
0.03					0.02	0.01		0.01

1-B-34 按地区分组的化学纤维

地 区	资产总计	固定资产净额	固定资产原价	累计折旧	流动资产合计	应收账款
全 省	**0.40**	**0.18**	**0.20**	**0.02**	**0.14**	**0.01**
兰 州						
嘉峪关						
金 昌						
白 银	0.40	0.18	0.20	0.02	0.14	0.01
天 水						
武 威						
张 掖						
平 凉						
酒 泉						
庆 阳						
定 西						
陇 南						
临 夏						
甘 南						

1-B-34 续表

地 区	法人资本	个人资本	港澳台资本	外商资本	营业收入	营业成本	销售费用
全 省		**0.06**			**0.62**	**0.54**	
兰 州							
嘉峪关							
金 昌							
白 银		0.06			0.62	0.54	
天 水							
武 威							
张 掖							
平 凉							
酒 泉							
庆 阳							
定 西							
陇 南							
临 夏							
甘 南							

制造业主要经济指标

单位：亿元

存货	产成品	负债合计	流动负债合计	应付账款	所有者权益合计	实收资本	国家资本	集体资本
0.11	**0.09**	**0.08**	**0.05**	**0.03**	**0.31**	**0.06**		
0.11	0.09	0.08	0.05	0.03	0.31	0.06		

单位：亿元

管理费用	财务费用	利息收入	利息支出	投资收益（损失以“–”号记）	营业利润	利润总额	亏损企业亏损额	平均用工人数（万人）
0.03					**0.04**	**0.04**		**0.01**
0.03					0.04	0.04		0.01

1-B-35 按地区分组的橡胶和

地区	资产总计	固定资产净额	固定资产原价	累计折旧	流动资产合计	应收账款
全省	**93.67**	**30.74**	**38.84**	**7.17**	**48.28**	**14.01**
兰州	22.61	7.05	10.38	2.69	11.30	3.25
嘉峪关	2.11	0.76	0.87	0.11	1.03	0.39
金昌	23.62	13.33	14.33	1.01	4.57	0.55
白银	1.31	0.21	0.46	0.24	0.39	0.26
天水	8.03	1.82	2.50	0.50	5.31	1.39
武威	12.81	2.08	3.14	0.97	9.43	3.07
张掖	5.66	0.76	1.09	0.33	4.59	0.88
平凉						
酒泉	6.80	0.36	0.74	0.38	6.32	1.54
庆阳	3.85	2.44	2.78	0.35	1.11	0.39
定西	6.87	1.93	2.56	0.58	4.23	2.29
陇南						
临夏						
甘南						

1-B-35 续表

地区	法人资本	个人资本	港澳台资本	外商资本	营业收入	营业成本	销售费用
全省	**8.51**	**10.06**			**49.81**	**43.74**	**1.77**
兰州	1.39	3.35			10.26	9.44	0.19
嘉峪关		0.66			0.45	0.38	0.01
金昌	0.71	0.02			12.76	11.49	0.36
白银	0.10	0.09			0.65	0.60	0.01
天水	0.35	0.71			4.20	3.62	0.26
武威	3.26	0.09			7.95	6.69	0.28
张掖	1.20	0.59			4.47	3.73	0.31
平凉							
酒泉	0.11	3.16			2.26	1.92	0.08
庆阳		1.02			1.13	1.03	0.02
定西	1.38	0.36			5.67	4.82	0.25
陇南							
临夏							
甘南							

塑料制品业主要经济指标

单位：亿元

存货	产成品	负债合计	流动负债合计	应付账款	所有者权益合计	实收资本	国家资本	集体资本
10.40	**6.46**	**57.35**	**54.98**	**14.86**	**36.33**	**26.73**	**6.06**	**2.11**
2.40	1.29	17.30	16.30	5.53	5.32	6.51	1.50	0.26
0.13	0.05	1.39	1.31	0.29	0.73	0.66		
0.42	0.31	18.22	18.10	4.27	5.40	4.73	4.00	
0.07	0.06	0.55	0.28	0.11	0.76	0.19		
0.89	0.42	5.48	5.26	0.85	2.55	1.60	0.55	
2.78	2.11	6.57	6.28	2.07	6.25	4.18	0.01	0.82
1.78	1.32	3.43	3.33	0.76	2.23	1.79		
0.98	0.37	0.95	0.93	0.45	5.85	3.28		
0.21	0.16	0.79	0.70	0.17	3.07	1.02		
0.75	0.36	2.68	2.48	0.37	4.18	2.77		1.02

单位：亿元

管理费用	财务费用	利息收入	利息支出	投资收益（损失以“-”号记）	营业利润	利润总额	亏损企业亏损额	平均用工人数（万人）
2.43	**0.84**	**0.04**	**0.83**	**-0.11**	**1.10**	**1.15**	**1.04**	**0.59**
0.57	0.13	0.01	0.14		-0.16	-0.25	0.45	0.18
0.04	0.04		0.03		-0.02	-0.01	0.01	0.01
0.31	0.20	0.02	0.21	-0.11	0.76	0.74	0.02	0.07
0.02	0.01		0.01			0.03		0.01
0.30	0.24		0.23		-0.29	-0.29	0.36	0.05
0.57	0.12		0.11		0.24	0.32	0.07	0.10
0.21	0.05		0.05		0.15	0.17		0.04
0.08					0.16	0.17		0.04
0.03	0.03		0.02		0.03	0.03		0.02
0.30	0.03		0.02		0.23	0.24	0.12	0.06

1-B-36　按地区分组的非金属

地　区	资产总计	固定资产净　额	固定资产原　价	累计折旧	流动资产合　计	应收账款
全　省	**688.21**	**202.89**	**338.96**	**128.69**	**372.56**	**113.31**
兰　州	289.22	49.37	85.68	35.57	199.41	53.88
嘉峪关	48.49	19.98	36.91	16.87	24.84	6.49
金　昌	38.65	10.94	16.32	5.36	20.52	4.25
白　银	59.36	21.17	29.19	7.97	13.86	3.02
天　水	45.83	15.31	28.24	9.78	22.10	11.47
武　威	33.14	12.39	19.21	6.00	17.77	7.86
张　掖	24.56	4.52	8.96	4.42	17.39	10.20
平　凉	24.84	14.44	26.34	11.91	6.11	0.71
酒　泉	29.96	10.91	17.45	5.39	14.74	4.51
庆　阳	13.78	3.73	6.92	3.05	9.16	4.30
定　西	33.19	12.44	21.81	8.42	12.72	3.30
陇　南	29.01	16.59	25.83	8.94	8.54	2.58
临　夏	15.30	9.50	12.52	3.02	4.51	0.75
甘　南	2.87	1.62	3.59	1.97	0.88	0.02

1-B-36　续表

地　区	法人资本	个人资本	港澳台资本	外商资本	营业收入	营业成本	销售费用
全　省	**71.73**	**22.98**	**0.05**		**403.51**	**278.23**	**12.62**
兰　州	29.77	6.30			171.40	96.65	3.73
嘉峪关	5.19	0.12			47.12	40.59	0.73
金　昌	0.10	0.56			11.36	10.36	0.32
白　银	4.01	2.77			26.67	21.41	0.95
天　水	3.39	5.15			30.32	23.57	1.60
武　威	2.70	2.09			21.95	17.94	0.78
张　掖	2.65	1.49			8.84	7.37	0.41
平　凉	4.43	0.70			21.12	13.20	0.66
酒　泉	3.15	0.83	0.05		10.69	8.78	0.58
庆　阳	3.07	1.27			10.16	8.11	0.67
定　西	10.07	0.34			17.39	13.20	0.66
陇　南	3.00	1.12			20.87	12.99	1.24
临　夏		0.25			2.78	2.17	0.15
甘　南	0.21				2.84	1.89	0.15

矿物制品业主要经济指标

单位：亿元

存货	产成品	负债合计	流动负债合计	应付账款	所有者权益合计	实收资本	国家资本	集体资本
61.87	**21.35**	**375.21**	**318.60**	**99.08**	**312.99**	**146.33**	**47.79**	**3.79**
25.17	5.49	147.41	121.90	42.45	141.80	52.10	14.88	1.15
6.98	1.88	23.09	20.73	5.46	25.40	7.24	1.37	0.56
1.91	0.45	21.68	16.44	4.77	16.97	6.54	5.89	
4.53	2.32	38.36	27.33	3.99	21.00	14.07	7.29	
2.48	0.98	24.43	22.32	9.85	21.40	14.73	4.68	1.51
4.39	2.47	20.58	19.73	5.39	12.56	7.83	2.94	0.10
2.13	1.59	18.29	17.34	9.40	6.27	4.40	0.03	0.23
2.33	1.21	12.16	11.75	2.54	12.68	9.83	4.70	
2.98	1.23	23.46	19.17	6.16	6.50	4.50	0.36	0.10
1.20	0.15	6.58	6.35	2.67	7.20	4.35		
3.35	2.00	15.32	12.87	2.99	17.86	11.71	1.15	0.15
2.73	0.71	12.78	11.66	2.68	16.23	4.72	0.60	
1.40	0.80	10.34	10.34	0.26	4.96	3.75	3.50	
0.30	0.07	0.72	0.65	0.45	2.15	0.59	0.38	

单位：亿元

管理费用	财务费用	利息收入	利息支出	投资收益（损失以"－"号记）	营业利润	利润总额	亏损企业亏损额	平均用工人数（万人）
26.12	**6.90**	**-0.57**	**7.29**	**1.49**	**77.58**	**77.69**	**3.93**	**3.67**
12.50	1.40	-0.65	1.98	0.83	55.79	55.17	1.01	1.09
1.66	0.99		1.02		2.75	2.63	0.04	0.37
0.74	0.17	-0.02	0.19	0.14	-0.16	0.16		0.16
1.45	1.60	0.01	1.56		1.05	1.29	1.04	0.39
2.03	0.42	0.04	0.39	0.50	3.17	3.21	0.31	0.30
1.32	0.33		0.32		1.39	1.41	0.38	0.23
0.57	0.20		0.20	0.01	0.24	0.30	0.15	0.19
1.17	0.20		0.20		6.14	6.19	0.05	0.24
0.81	0.70	0.04	0.64		-0.39	-0.35	0.53	0.16
0.50	0.12		0.11		0.71	0.76	0.02	0.13
1.22	0.25	0.01	0.16		1.91	1.88	0.22	0.19
1.47	0.51		0.50		4.33	4.35	0.20	0.16
0.39					0.06	0.05		0.04
0.31	0.01		0.01		0.60	0.64		0.03

1-B-37 按地区分组的黑色金属

地 区	资产总计	固定资产净额	固定资产原价	累计折旧	流动资产合计	应收账款
全 省	**1274.33**	**514.15**	**941.02**	**421.23**	**379.58**	**17.36**
兰 州	118.72	57.68	104.12	44.01	48.92	5.60
嘉峪关	1129.69	448.22	822.39	370.97	315.50	10.15
金 昌	6.55	3.56	6.33	2.77	1.81	0.07
白 银	2.97	0.94	1.97	1.03	1.50	0.10
天 水	1.56	0.64	0.77	0.13	0.75	0.01
武 威	4.44	0.78	1.29	0.50	3.47	0.52
张 掖	4.01	0.94	1.83	0.88	2.88	0.31
平 凉	0.33	0.09	0.15	0.06	0.24	0.03
酒 泉						
庆 阳	0.20	0.04	0.05	0.01	0.12	
定 西						
陇 南	5.86	1.26	2.12	0.87	4.40	0.57
临 夏						
甘 南						

1-B-37 续表

地 区	法人资本	个人资本	港澳台资本	外商资本	营业收入	营业成本	销售费用
全 省	**3.30**	**4.77**			**1179.30**	**1088.67**	**27.34**
兰 州	0.14	3.03			162.13	154.59	2.74
嘉峪关	0.12	0.56			978.94	898.51	23.49
金 昌	0.16				1.95	1.81	0.03
白 银	0.37	0.22			8.46	8.11	0.03
天 水		0.50			0.04	0.04	
武 威	1.14	0.42			7.47	7.03	0.25
张 掖	0.33				11.71	11.06	0.46
平 凉		0.04			0.38	0.41	
酒 泉							
庆 阳	0.04				0.01	0.01	
定 西							
陇 南	1.00				8.20	7.10	0.34
临 夏							
甘 南							

冶炼和压延加工业主要经济指标

单位：亿元

存货	产成品	负债合计	流动负债合计	应付账款	所有者权益合计	实收资本	国家资本	集体资本
165.87	**54.08**	**982.32**	**829.80**	**173.46**	**292.01**	**200.39**	**189.15**	**3.17**
16.13	4.09	108.77	105.26	72.55	9.96	47.66	41.72	2.76
144.65	47.82	854.46	706.91	95.87	275.22	147.43	146.75	
1.09	0.14	4.62	3.95	1.14	1.93	0.80	0.64	
0.60	0.23	2.06	2.06	0.69	0.92	0.60		0.01
0.11	0.06	1.14	1.14	0.12	0.42	0.50		
1.20	0.64	3.10	3.05	0.83	1.35	1.56		
1.43	0.95	3.34	3.24	1.49	0.67	0.77	0.04	0.40
0.21		0.35	0.35	0.02	-0.02	0.04		
0.03		0.16	0.15	0.01	0.04	0.04		
0.44	0.16	4.33	3.70	0.73	1.53	1.00		

单位：亿元

管理费用	财务费用	利息收入	利息支出	投资收益（损失以“–”号记）	营业利润	利润总额	亏损企业亏损额	平均用工人数（万人）
29.71	**30.71**	**1.51**	**29.97**	**4.23**	**2.39**	**3.81**	**0.32**	**4.76**
3.06	0.48	0.14	0.58		1.23	1.29	0.03	0.67
26.10	29.94	1.36	29.10	4.22	0.55	1.66	0.04	3.73
0.11	0.17		0.17	0.01	-0.17	-0.12	0.12	0.05
0.09	0.05		0.05		0.15	0.17		0.06
0.02	0.01		0.01		-0.03	-0.03	0.03	
0.14	0.02	0.01	0.03		0.01		0.05	0.07
0.08	0.06		0.06		0.03	0.20		0.06
0.01					-0.04	-0.04	0.04	0.01
					-0.01	-0.01	0.01	
0.10	-0.04		-0.04		0.68	0.68		0.11

1-B-38 按地区分组的有色金属冶炼和

地 区	资产总计	固定资产净额	固定资产原价	累计折旧	流动资产合计	应收账款
全 省	**2433.53**	**824.54**	**1312.71**	**479.41**	**1083.85**	**116.92**
兰 州	236.45	83.13	164.72	81.44	121.72	5.13
嘉峪关	351.03	161.95	206.33	44.26	136.36	8.91
金 昌	1228.30	457.89	735.14	276.42	489.43	38.26
白 银	398.15	50.65	84.89	33.23	248.86	43.99
天 水						
武 威	3.52	0.29	0.43	0.14	3.20	0.73
张 掖	0.25	0.04	0.07	0.04	0.10	-0.02
平 凉						
酒 泉	49.57	11.05	23.76	10.72	28.86	0.68
庆 阳						
定 西	53.21	26.46	35.63	8.83	19.52	0.78
陇 南	85.53	19.78	41.27	17.37	27.65	14.76
临 夏	7.35	4.65	5.08	0.25	2.10	0.52
甘 南	20.16	8.65	15.38	6.73	6.05	3.17

1-B-38 续表

地 区	法人资本	个人资本	港澳台资本	外商资本	营业收入	营业成本	销售费用
全 省	**99.03**	**19.97**	**7.86**		**3340.86**	**3182.94**	**22.09**
兰 州	10.65	1.05	7.86		337.93	333.00	1.53
嘉峪关	2.06	0.45			313.67	299.97	6.84
金 昌	1.00	0.02			2375.87	2267.06	10.68
白 银	54.44	8.14			192.11	180.95	1.71
天 水							
武 威	0.10	0.10			2.18	1.97	0.02
张 掖		0.02			0.22	0.19	
平 凉							
酒 泉	1.65	4.19			7.50	8.08	0.07
庆 阳							
定 西	0.36	0.86			55.73	53.57	0.88
陇 南	28.12				36.52	25.99	0.27
临 夏	0.65	5.15			5.70	4.81	0.07
甘 南					13.43	7.35	0.02

压延加工业主要经济指标

单位：亿元

存货		负债合计	流动负债合计		所有者权益合计	实收资本		
	产成品			应付账款			国家资本	集体资本
401.39	**134.38**	**1610.39**	**1166.53**	**169.29**	**823.14**	**433.17**	**303.18**	**3.03**
35.81	12.32	137.17	100.22	15.08	99.28	41.28	21.62	
45.22	17.19	296.84	238.23	28.81	54.19	13.85	11.34	
213.73	77.26	787.17	490.02	93.62	441.12	241.89	240.87	
83.27	23.59	254.73	230.28	18.53	143.42	83.69	21.11	
1.25	0.59	3.04	1.31	0.79	0.49	0.20		
0.03	0.02	0.22	0.22	-0.01	0.03	0.02		
4.37	1.06	48.28	42.76	3.97	1.29	5.83		
12.84	1.29	38.69	25.55	3.27	14.51	10.12	5.87	3.03
3.41	0.58	29.99	23.81	3.28	55.54	28.12		
1.04	0.48	1.52	1.52	0.04	5.83	5.80		
0.42		12.73	12.60	1.91	7.43	2.36	2.36	

单位：亿元

管理费用	财务费用			投资收益（损失以“–”号记）	营业利润	利润总额	亏损企业亏损额	平均用工人数（万人）
		利息收入	利息支出					
33.43	**50.25**	**2.48**	**43.97**	**5.12**	**21.03**	**19.62**	**28.18**	**7.30**
3.04	4.61	-0.09	3.59		-19.64	-19.61	19.78	0.63
1.60	9.64	0.60	9.86	3.01	-0.08	0.35	0.20	0.65
20.55	22.47	1.74	20.47	0.02	34.38	31.06	1.08	3.43
3.76	10.42	0.15	7.10	1.15	-3.20	-3.31	3.94	1.63
0.05	0.11		0.11		0.03	0.04		0.03
	0.02		0.02		0.01	0.01		
0.66	0.77	0.11	0.68	0.09	-2.75	-2.00	2.08	0.13
1.88	0.84	0.01	0.80	0.03	-1.39	-0.45	0.91	0.32
1.05	0.97	-0.03	0.97	0.81	8.32	8.22	0.19	0.34
0.07	0.02				0.73	0.73		0.03
0.76	0.38	-0.01	0.38	0.01	4.62	4.59		0.11

1-B-39 按地区分组的金属

地区	资产总计	固定资产净额	固定资产原价	累计折旧	流动资产合计	应收账款
全 省	**98.35**	**16.18**	**23.46**	**7.05**	**59.07**	**19.55**
兰 州	55.58	8.28	11.10	2.75	29.27	10.88
嘉峪关	2.30	0.36	0.55	0.17	1.70	-0.11
金 昌	7.83	2.03	3.24	1.22	5.35	1.00
白 银	2.95	0.28	0.46	0.18	2.08	0.28
天 水	4.21	1.19	1.47	0.28	2.13	0.83
武 威	1.06	0.10	0.31	0.09	0.47	0.23
张 掖	2.76	0.36	0.58	0.22	1.91	0.17
平 凉						
酒 泉	12.46	2.42	4.37	1.95	9.24	3.43
庆 阳	1.16	0.33	0.44	0.08	0.77	0.45
定 西	1.15	0.27	0.31	0.04	0.68	0.05
陇 南						
临 夏	6.89	0.57	0.65	0.08	5.48	2.33
甘 南						

1-B-39 续表

地区	法人资本	个人资本	港澳台资本	外商资本	营业收入	营业成本	销售费用
全 省	**6.64**	**7.53**			**72.76**	**66.43**	**1.60**
兰 州	2.66	2.29			39.64	36.69	1.21
嘉峪关		0.17			2.06	2.00	0.04
金 昌	0.10	1.15			6.37	5.41	0.11
白 银	1.08	0.61			1.64	1.43	0.03
天 水	0.14	1.32			2.79	2.50	0.05
武 威	0.21	0.11			1.02	0.95	
张 掖	0.25	1.15			0.70	0.63	0.01
平 凉							
酒 泉	1.53	0.27			10.52	9.42	0.05
庆 阳	0.37	0.05			0.88	0.71	0.07
定 西	0.30	0.10			0.86	0.75	0.03
陇 南							
临 夏		0.30			6.29	5.95	
甘 南							

制品业主要经济指标

单位：亿元

存货	产成品	负债合计	流动负债合计	应付账款	所有者权益合计	实收资本	国家资本	集体资本
12.57	**3.58**	**60.91**	**53.77**	**12.40**	**37.44**	**19.21**	**3.94**	**1.10**
3.94	1.20	31.57	25.99	5.12	24.01	8.72	3.27	0.50
0.73	0.56	1.95	1.95	0.11	0.35	0.61		0.45
1.88	0.87	4.84	4.82	0.47	2.98	1.58	0.23	0.10
0.85	0.23	1.30	1.25	0.18	1.65	1.69		
0.64	0.18	2.15	1.24	0.36	2.06	1.46		
0.12	0.06	0.56	0.43	0.01	0.49	0.37		0.05
0.21	0.06	1.50	1.48	0.35	1.26	1.40		
3.15	0.30	9.35	9.33	4.03	3.11	2.23	0.44	
0.16	0.02	0.49	0.49	0.34	0.67	0.42		
0.24	0.11	0.59	0.59	0.14	0.56	0.40		
0.65		6.61	6.21	1.29	0.28	0.30		

单位：亿元

管理费用	财务费用	利息收入	利息支出	投资收益（损失以"–"号记）	营业利润	利润总额	亏损企业亏损额	平均用工人数（万人）
3.06	**1.27**	**0.07**	**1.27**	**2.44**	**2.11**	**2.29**	**0.88**	**0.56**
1.19	0.69	0.05	0.70	2.49	1.83	1.82	0.21	0.21
0.09	0.07		0.07	-0.05	-0.20	-0.19	0.28	0.02
0.36	0.13	0.02	0.14	0.01	0.24	0.28	0.09	0.09
0.12	0.05		0.05		0.02	0.04		0.02
0.08	0.05		0.05		0.09	0.09		0.05
0.05	0.03		0.03		-0.01	-0.01	0.01	0.01
0.04	0.04		0.04		-0.02		0.01	0.02
0.69	0.10		0.10		0.20	0.26	0.20	0.09
0.04					0.06	0.05		0.03
0.05	0.02		0.02		0.01	0.02	0.02	0.01
0.36	0.07		0.07		-0.09	-0.06	0.06	0.02

1-B-40 按地区分组的通用设备

地区	资产总计	固定资产净额	固定资产原价	累计折旧	流动资产合计	应收账款
全省	**149.07**	**19.11**	**34.82**	**12.05**	**100.83**	**20.16**
兰州	78.46	10.58	18.28	4.83	56.53	7.10
嘉峪关						
金昌						
白银	6.75	0.92	1.57	0.65	5.60	2.30
天水	44.39	3.53	6.55	2.91	25.88	4.66
武威	0.73	0.13	0.15	0.02	0.47	
张掖						
平凉	1.50	0.38	0.68	0.31	1.00	0.23
酒泉	9.27	2.30	5.27	2.93	6.40	4.03
庆阳	1.95	0.16	0.29	0.13	1.75	0.66
定西	6.01	1.11	2.02	0.28	3.20	1.17
陇南						
临夏						
甘南						

1-B-40 续表

地区	法人资本	个人资本	港澳台资本	外商资本	营业收入	营业成本	销售费用
全省	**4.63**	**4.18**		**0.22**	**41.78**	**32.69**	**2.44**
兰州	2.93	0.58		0.22	16.67	11.60	0.96
嘉峪关							
金昌							
白银	0.22	0.82			3.68	3.07	0.07
天水	0.20	0.80			11.61	10.14	0.78
武威		0.03			0.28	0.20	0.03
张掖							
平凉		0.34			0.96	0.42	0.35
酒泉	1.10				5.48	4.93	0.12
庆阳	0.18	1.00			0.99	0.89	0.03
定西		0.59			2.12	1.44	0.10
陇南							
临夏							
甘南							

制造业主要经济指标

单位：亿元

存货	产成品	负债合计	流动负债合计	应付账款	所有者权益合计	实收资本	国家资本	集体资本
32.28	**6.15**	**113.08**	**84.00**	**33.10**	**35.99**	**14.90**	**4.89**	**0.99**
18.45	2.76	67.99	51.34	22.04	10.48	6.44	2.71	
1.25	0.32	4.51	4.21	1.03	2.24	1.24	0.20	
8.79	1.37	32.43	20.98	7.40	11.96	1.68	0.19	0.49
0.23	0.13	0.55	0.55		0.18	0.03		
0.53	0.29	1.10	0.92	0.28	0.40	0.34		
1.18	0.51	4.18	4.18	1.79	5.08	2.60	1.00	0.50
0.22	0.03	0.58	0.58	0.41	1.38	1.18		
1.63	0.73	1.74	1.23	0.15	4.27	1.39	0.80	

单位：亿元

管理费用	财务费用	利息收入	利息支出	投资收益（损失以“–”号记）	营业利润	利润总额	亏损企业亏损额	平均用工人数（万人）
3.73	**2.40**	**0.36**	**1.94**		**-0.19**	**-0.35**	**2.61**	**0.97**
1.70	0.63	0.35	0.55		1.36	1.49	0.26	0.28
0.18	0.05		0.05		0.27	0.29	0.01	0.06
0.96	1.54	0.01	1.16		-1.96	-1.67	1.70	0.35
0.05	0.02		0.02		-0.03	-0.03	0.03	0.01
0.13	0.01		0.01		0.02	0.03		0.05
0.29	0.09		0.10		0.02	-0.55	0.60	0.14
0.06					0.01	0.01		0.02
0.37	0.06		0.06		0.11	0.10	0.01	0.06

1-B-41　按地区分组的专用设备

地　区	资产总计	固定资产净额	固定资产原价	累计折旧	流动资产合计	应收账款
全　省	**283.34**	**74.52**	**96.68**	**21.50**	**181.21**	**60.58**
兰　州	226.92	60.60	74.05	12.79	145.22	48.53
嘉峪关	13.87	2.39	5.18	2.79	10.69	3.77
金　昌						
白　银	4.99	1.06	2.11	1.05	3.25	0.84
天　水	17.75	4.60	7.99	3.39	11.05	4.18
武　威	8.95	3.64	3.81	0.16	3.85	0.92
张　掖	0.27	0.06	0.08	0.01	0.18	0.05
平　凉	1.75	0.21	0.31	0.10	1.23	0.44
酒　泉	3.86	0.76	1.25	0.49	2.48	0.82
庆　阳	0.59	0.40	0.42	0.02	0.19	0.02
定　西	4.39	0.79	1.48	0.69	3.07	1.02
陇　南						
临　夏						
甘　南						

1-B-41　续表

地　区	法人资本	个人资本	港澳台资本	外商资本	营业收入	营业成本	销售费用
全　省	**14.33**	**5.02**		**0.20**	**73.27**	**70.01**	**2.88**
兰　州	6.47	2.93		0.20	52.87	54.86	1.75
嘉峪关		0.14			6.35	5.36	0.48
金　昌							
白　银	1.54	0.87			4.38	3.60	0.11
天　水	2.74	0.77			4.66	2.16	0.36
武　威	0.50				1.54	1.18	0.02
张　掖	0.06				0.05	0.04	
平　凉	0.86				0.95	0.83	0.03
酒　泉	0.53				0.49	0.34	0.06
庆　阳	0.30				0.31	0.26	
定　西	1.34	0.31			1.68	1.37	0.06
陇　南							
临　夏							
甘　南							

制造业主要经济指标

单位：亿元

存货	产成品	负债合计	流动负债合计	应付账款	所有者权益合计	实收资本	国家资本	集体资本
59.89	**11.92**	**214.95**	**203.18**	**40.90**	**68.38**	**41.10**	**21.47**	**0.08**
48.52	6.99	186.55	176.84	33.19	40.36	27.22	17.62	
3.88	1.75	7.19	7.18	3.36	6.68	3.76	3.63	
1.14	0.68	2.47	2.45	0.61	2.52	2.41		
2.88	1.42	5.10	3.92	0.69	12.64	3.66	0.06	0.08
0.70		8.22	7.97	1.64	0.73	0.64	0.14	
0.02		0.23	0.22	0.02	0.04	0.06		
0.11	0.04	0.78	0.64	0.34	0.97	0.88	0.02	
1.32	0.27	1.64	1.27	0.39	2.22	0.53		
0.10	0.03	0.26	0.26	0.02	0.33	0.30		
1.21	0.75	2.50	2.43	0.65	1.89	1.65		

单位：亿元

管理费用	财务费用	利息收入	利息支出	投资收益（损失以"－"号记）	营业利润	利润总额	亏损企业亏损额	平均用工人数（万人）
6.61	**3.28**	**0.23**	**3.53**	**0.03**	**-16.80**	**-14.90**	**18.26**	**1.54**
4.27	2.93	0.18	3.21	0.03	-17.96	-16.27	18.00	0.92
0.35	0.09	0.03	0.10		-0.02	0.01		0.13
0.26	0.07		0.02		0.31	0.33		0.12
0.99	0.07	0.01	0.07		0.96	0.99	0.19	0.22
0.35	0.03		0.03		-0.04	-0.04	0.05	0.04
0.01	0.01		0.01		-0.02	-0.02	0.02	
0.07		0.01	0.01		0.01	0.01		0.02
0.13	0.02		0.02	0.01	-0.08	0.05		0.03
0.03	0.01		0.01		0.01	0.01		0.01
0.15	0.05		0.04		0.03	0.03		0.06

1-B-42 按地区分组的汽车

地区	资产总计	固定资产净额	固定资产原价	累计折旧	流动资产合计	应收账款
全省	**28.84**	**4.24**	**6.22**	**1.98**	**20.24**	**13.37**
兰州	20.62	3.08	4.62	1.54	14.92	13.18
嘉峪关	5.93	0.78	0.79	0.01	4.24	-0.07
金昌						
白银	0.92	0.28	0.62	0.34	0.60	0.27
天水						
武威	1.39	0.11	0.19	0.08	0.48	-0.02
张掖						
平凉						
酒泉						
庆阳						
定西						
陇南						
临夏						
甘南						

1-B-42 续表

地区	法人资本	个人资本	港澳台资本	外商资本	营业收入	营业成本	销售费用
全省	**4.50**	**0.75**		**0.25**	**8.19**	**7.65**	**0.07**
兰州	4.30				5.74	5.43	0.01
嘉峪关					0.62	0.60	0.03
金昌							
白银				0.25	1.71	1.51	0.02
天水							
武威	0.20	0.75			0.13	0.10	
张掖							
平凉							
酒泉							
庆阳							
定西							
陇南							
临夏							
甘南							

制造业主要经济指标

单位：亿元

存货	产成品	负债合计	流动负债合计	应付账款	所有者权益合计	实收资本	国家资本	集体资本
1.49	**0.36**	**21.74**	**18.87**	**9.30**	**7.10**	**6.20**	**0.70**	
0.88	0.22	18.08	17.76	8.69	2.54	5.00	0.70	
0.29	0.11	2.69	0.58	0.28	3.24			
0.19	0.02	0.55	0.37	0.33	0.37	0.25		
0.13	0.01	0.43	0.16	0.01	0.96	0.95		

单位：亿元

管理费用	财务费用	利息收入	利息支出	投资收益（损失以"–"号记）	营业利润	利润总额	亏损企业亏损额	平均用工人数（万人）
0.83	**0.27**	**0.01**	**0.32**		**-0.67**	**-0.55**	**0.64**	**0.11**
0.70	0.25	0.01	0.31		-0.71	-0.60	0.60	0.07
0.03					-0.04	-0.04	0.04	0.01
0.07	0.01		0.01		0.08	0.08		0.02
0.02								0.01

1-B-43 按地区分组的铁路、船舶、航空航天和

地 区	资产总计	固定资产净 额	固定资产原 价	累计折旧	流动资产合 计	应收账款
全 省	**34.87**	**4.71**	**9.15**	**4.39**	**27.15**	**14.68**
兰 州	33.91	4.45	8.82	4.33	26.56	14.66
嘉峪关						
金 昌						
白 银						
天 水						
武 威	0.95	0.27	0.32	0.06	0.58	0.02
张 掖						
平 凉						
酒 泉						
庆 阳						
定 西						
陇 南						
临 夏						
甘 南						

1-B-43 续表

地 区	法人资本	个人资本	港澳台资本	外商资本	营业收入	营业成本	销售费用
全 省	**4.56**	**0.10**			**12.74**	**8.87**	**0.17**
兰 州	4.56				12.14	8.37	0.14
嘉峪关							
金 昌							
白 银							
天 水							
武 威		0.10			0.60	0.49	0.03
张 掖							
平 凉							
酒 泉							
庆 阳							
定 西							
陇 南							
临 夏							
甘 南							

其他运输设备制造业主要经济指标

单位：亿元

存货	产成品	负债合计	流动负债合计	应付账款	所有者权益合计	实收资本	国家资本	集体资本
5.76	**1.12**	**18.41**	**14.05**	**7.39**	**16.46**	**7.95**	**3.29**	
5.50	0.93	18.01	13.68	7.05	15.90	7.85	3.29	
0.26	0.19	0.40	0.37	0.34	0.56	0.10		

单位：亿元

管理费用	财务费用	利息收入	利息支出	投资收益（损失以"−"号记）	营业利润	利润总额	亏损企业亏损额	平均用工人数（万人）
1.40	**0.40**	**0.01**	**0.40**		**1.71**	**1.75**		**0.29**
1.37	0.40	0.01	0.40		1.67	1.71		0.28
0.03					0.04	0.04		0.01

1-B-44 按地区分组的电气机械和

地 区	资产总计	固定资产净额	固定资产原价	累计折旧	流动资产合计	应收账款
全 省	**177.18**	**23.87**	**36.44**	**12.53**	**103.50**	**45.08**
兰 州	98.44	11.42	17.19	5.76	41.37	12.25
嘉峪关	1.94	0.04	0.13	0.09	1.79	1.23
金 昌	0.45	0.01	0.06	0.05	0.43	0.37
白 银	1.48	0.03	0.04	0.01	1.26	0.35
天 水	53.03	8.58	14.04	5.43	41.46	21.26
武 威	1.42	0.74	0.90	0.16	0.50	0.28
张 掖						
平 凉						
酒 泉	19.19	2.53	3.50	0.96	16.06	8.98
庆 阳						
定 西	1.22	0.51	0.58	0.07	0.62	0.36
陇 南						
临 夏						
甘 南						

1-B-44 续表

地 区	法人资本	个人资本	港澳台资本	外商资本	营业收入	营业成本	销售费用
全 省	**17.06**	**5.80**			**85.48**	**73.60**	**3.69**
兰 州	13.65	2.31			49.22	43.98	1.71
嘉峪关					1.40	1.25	0.02
金 昌	0.08	0.24			0.66	0.63	0.01
白 银	0.41	0.12			0.68	0.55	0.03
天 水	0.83	2.37			26.34	20.65	1.70
武 威		0.35			0.67	0.60	0.02
张 掖							
平 凉							
酒 泉	1.69	0.41			6.17	5.68	0.20
庆 阳							
定 西	0.40				0.35	0.26	0.01
陇 南							
临 夏							
甘 南							

器材制造业主要经济指标

单位：亿元

存货	产成品	负债合计	流动负债合计	应付账款	所有者权益合计	实收资本	国家资本	集体资本
22.36	**9.01**	**111.03**	**75.13**	**28.07**	**66.14**	**35.13**	**8.78**	**3.50**
8.48	4.39	61.74	30.00	7.60	36.69	19.19	0.07	3.15
0.26		1.70	1.70	1.14	0.25			
0.04	0.01	0.13	0.13	0.10	0.32	0.32		
0.20	0.16	0.13	0.13	0.01	1.35	0.52		
11.21	3.67	30.18	26.56	11.27	22.85	10.66	7.21	0.25
0.12	0.06	0.71	0.70	0.19	0.71	0.44		0.09
1.96	0.64	15.81	15.36	7.46	3.38	3.61	1.50	0.02
0.10	0.08	0.63	0.55	0.31	0.59	0.40		

单位：亿元

管理费用	财务费用	利息收入	利息支出	投资收益（损失以“-”号记）	营业利润	利润总额	亏损企业亏损额	平均用工人数（万人）
5.94	**2.26**	**0.11**	**1.95**	**-0.01**	**-0.51**		**2.12**	**1.10**
2.71	1.75	0.09	1.49		-1.02	-0.73	1.79	0.50
0.06	0.02		0.02		0.03	0.02		0.01
0.01								
0.04	0.02		0.02		0.04	0.04		0.01
2.82	0.35	0.01	0.30	-0.02	0.50	0.68	0.04	0.50
0.07	0.01		0.01		-0.04	-0.02	0.02	0.02
0.19	0.11		0.10		-0.05	-0.04	0.27	0.05
0.02	0.01		0.01		0.04	0.05		0.01

1-B-45 按地区分组的计算机、通信和

地 区	资产总计	固定资产净 额	固定资产原 价	累计折旧	流动资产合 计	应收账款
全 省	**217.06**	**67.17**	**108.19**	**40.63**	**70.67**	**18.64**
兰 州	30.17	4.72	8.80	3.93	20.73	5.91
嘉峪关						
金 昌						
白 银						
天 水	186.89	62.45	99.39	36.69	49.94	12.73
武 威						
张 掖						
平 凉						
酒 泉						
庆 阳						
定 西						
陇 南						
临 夏						
甘 南						

1-B-45 续表

地 区	法人资本	个人资本	港澳台资本	外商资本	营业收入	营业成本	销售费用
全 省	**0.93**	**1.05**		**0.03**	**101.40**	**85.64**	**1.34**
兰 州	0.35	0.99		0.03	12.98	12.01	0.25
嘉峪关							
金 昌							
白 银							
天 水	0.58	0.07			88.42	73.62	1.08
武 威							
张 掖							
平 凉							
酒 泉							
庆 阳							
定 西							
陇 南							
临 夏							
甘 南							

其他电子设备制造业主要经济指标

单位：亿元

存货	产成品	负债合计	流动负债合计	应付账款	所有者权益合计	实收资本	国家资本	集体资本
20.71	**4.57**	**102.73**	**75.31**	**24.26**	**114.34**	**60.82**	**5.44**	**53.37**
7.02	1.15	22.60	16.91	8.85	7.57	6.80	5.44	
13.69	3.41	80.12	58.41	15.41	106.77	54.01		53.37

单位：亿元

管理费用	财务费用	利息收入	利息支出	投资收益（损失以“-”号记）	营业利润	利润总额	亏损企业亏损额	平均用工人数（万人）
8.71	**0.42**	**0.29**	**1.09**	**1.52**	**7.31**	**7.21**	**1.16**	**1.22**
1.00	0.12	0.01	0.08		-0.97	-1.00	1.16	0.22
7.71	0.30	0.28	1.01	1.52	8.28	8.21		1.00

1-B-46 按地区分组的仪器仪表

地 区	资产总计	固定资产净额	固定资产原价	累计折旧	流动资产合计	应收账款
全 省	**27.66**	**0.74**	**1.29**	**0.55**	**5.09**	**1.11**
兰 州	27.66	0.74	1.29	0.55	5.09	1.11
嘉峪关						
金 昌						
白 银						
天 水						
武 威						
张 掖						
平 凉						
酒 泉						
庆 阳						
定 西						
陇 南						
临 夏						
甘 南						

1-B-46 续表

地 区	法人资本	个人资本	港澳台资本	外商资本	营业收入	营业成本	销售费用
全 省	**0.05**	**0.13**			**1.01**	**0.42**	**0.08**
兰 州	0.05	0.13			1.01	0.42	0.08
嘉峪关							
金 昌							
白 银							
天 水							
武 威							
张 掖							
平 凉							
酒 泉							
庆 阳							
定 西							
陇 南							
临 夏							
甘 南							

制造业主要经济指标

单位：亿元

存货	产成品	负债合计	流动负债合计	应付账款	所有者权益合计	实收资本	国家资本	集体资本
0.32	**0.01**	**10.34**	**7.42**	**0.31**	**17.32**	**0.18**		
0.32	0.01	10.34	7.42	0.31	17.32	0.18		

单位：亿元

管理费用	财务费用	利息收入	利息支出	投资收益（损失以“-”号记）	营业利润	利润总额	亏损企业亏损额	平均用工人数（万人）
0.42	**0.29**	**-0.02**	**0.38**	**0.06**	**-0.18**	**-0.17**	**0.25**	**0.02**
0.42	0.29	-0.02	0.38	0.06	-0.18	-0.17	0.25	0.02

1-B-47 按地区分组的废弃资源

地 区	资产总计					
		固定资产净额	固定资产原价	累计折旧	流动资产合计	
						应收账款
全 省	**30.02**	**4.03**	**7.08**	**2.41**	**15.76**	**5.83**
兰 州	12.70	1.17	1.35	0.18	6.88	3.73
嘉峪关	11.82	1.80	4.30	2.03	5.59	1.42
金 昌	0.04				0.04	0.02
白 银	0.55	0.26	0.29	0.03	0.09	
天 水						
武 威	1.27	0.45	0.54	0.09	0.59	0.06
张 掖	2.59	0.32	0.37	0.05	2.19	0.56
平 凉						
酒 泉	0.10	0.03	0.03		0.07	0.04
庆 阳	0.94		0.20	0.03	0.31	0.01
定 西						
陇 南						
临 夏						
甘 南						

1-B-47 续表

地 区					营业收入	营业成本	销售费用
	法人资本	个人资本	港澳台资本	外商资本			
全 省	**0.91**	**0.90**			**9.70**	**8.74**	**0.23**
兰 州	0.13	0.45			1.99	1.84	0.03
嘉峪关	0.60	0.10			5.13	4.66	0.15
金 昌	0.03				0.20	0.19	
白 银	0.04	0.02			0.43	0.35	
天 水							
武 威		0.20			0.66	0.56	0.03
张 掖	0.08	0.14			0.88	0.78	0.02
平 凉							
酒 泉	0.02				0.22	0.20	0.01
庆 阳					0.18	0.17	
定 西							
陇 南							
临 夏							
甘 南							

综合利用业主要经济指标

单位：亿元

存货	产成品	负债合计	流动负债合计	应付账款	所有者权益合计	实收资本	国家资本	集体资本
1.68	**1.38**	**20.77**	**14.88**	**3.71**	**9.25**	**2.83**		**1.02**
0.31	0.30	9.08	6.13	0.38	3.61	0.99		0.41
0.57	0.33	8.56	5.73	3.22	3.27	0.70		
0.01		0.01	0.01	0.01	0.04	0.03		
0.01		0.49	0.49		0.05	0.07		
0.53	0.53	0.04	0.04		1.23	0.20		
0.22	0.20	2.22	2.10	0.05	0.37	0.22		
0.03	0.03	0.04	0.04	0.04	0.06	0.02		
		0.33	0.33	0.02	0.61	0.61		0.61

单位：亿元

管理费用	财务费用	利息收入	利息支出	投资收益（损失以“–”号记）	营业利润	利润总额	亏损企业亏损额	平均用工人数（万人）
0.77	**0.32**	**0.02**	**0.32**		**-0.42**	**-0.32**	**0.50**	**0.14**
0.25	0.19		0.19		-0.34	-0.25	0.25	0.03
0.40	0.03	0.02	0.04		-0.13	-0.13	0.21	0.07
0.01					0.01	0.01		
0.02	0.02		0.02		0.05	0.05		
0.02	0.03		0.03		0.02	0.02		0.01
0.02	0.03		0.02		0.02	0.02	0.01	0.01
0.01	0.01		0.01					0.01
0.04	0.01		0.01		-0.04	-0.04	0.04	0.01

1-B-48 按地区分组的金属制品、机械

地区	资产总计	固定资产净额	固定资产原价	累计折旧	流动资产合计	应收账款
全省	**46.81**	**6.13**	**11.41**	**4.62**	**25.07**	**8.03**
兰州	41.95	4.21	8.14	3.29	22.71	7.66
嘉峪关						
金昌						
白银						
天水	4.86	1.92	3.27	1.33	2.36	0.38
武威						
张掖						
平凉						
酒泉						
庆阳						
定西						
陇南						
临夏						
甘南						

1-B-48 续表

地区	法人资本	个人资本	港澳台资本	外商资本	营业收入	营业成本	销售费用
全省					**13.66**	**12.61**	**0.24**
兰州					11.10	10.78	0.21
嘉峪关							
金昌							
白银							
天水					2.55	1.83	0.03
武威							
张掖							
平凉							
酒泉							
庆阳							
定西							
陇南							
临夏							
甘南							

和设备修理业主要经济指标

单位：亿元

存货	产成品	负债合计	流动负债合计	应付账款	所有者权益合计	实收资本	国家资本	集体资本
5.65	**0.50**	**31.81**	**21.65**	**8.81**	**15.00**	**7.65**	**7.65**	
4.39	0.39	29.64	19.52	8.16	12.31	6.75	6.75	
1.27	0.10	2.17	2.13	0.65	2.69	0.90	0.90	

单位：亿元

管理费用	财务费用	利息收入	利息支出	投资收益(损失以“-”号记)	营业利润	利润总额	亏损企业亏损额	平均用工人数(万人)
2.00	**0.27**		**0.02**	**-0.02**	**4.27**	**4.08**		**0.39**
1.54	0.26	-0.01		-0.02	4.06	3.89		0.28
0.47	0.01	0.01	0.02	-0.01	0.21	0.19		0.11

1-B-49 按地区分组的电力、热力、燃气及

地 区	资产总计	固定资产净额	固定资产原价	累计折旧	流动资产合计	应收账款
全 省	**3120.30**	**2055.11**	**3467.15**	**1329.36**	**655.57**	**226.90**
兰 州	723.06	515.50	1069.34	551.80	80.28	17.17
嘉峪关	178.17	56.15	113.16	48.31	97.16	18.32
金 昌	262.70	159.95	219.20	53.37	72.84	32.37
白 银	194.29	116.37	259.30	120.73	41.78	15.70
天 水	21.33	8.65	14.12	3.48	6.18	0.72
武 威	317.47	198.19	244.46	40.64	86.50	30.03
张 掖	177.69	97.11	181.70	65.64	43.13	14.92
平 凉	106.04	75.40	168.50	93.10	26.27	7.71
酒 泉	748.21	533.20	773.03	225.39	146.56	77.05
庆 阳	60.25	40.56	53.27	12.60	10.21	5.94
定 西	63.24	44.57	63.26	18.69	12.93	3.32
陇 南	103.77	77.62	96.69	19.07	15.40	1.06
临 夏	65.15	47.83	93.70	45.87	7.13	2.04
甘 南	98.93	84.02	117.42	30.68	9.20	0.55

1-B-49 续表

地 区	法人资本	个人资本	港澳台资本	外商资本	营业收入	营业成本	销售费用
全 省	**214.55**	**13.24**	**5.03**	**13.14**	**951.10**	**842.29**	**3.10**
兰 州	4.68	0.30	3.91		548.70	534.45	1.52
嘉峪关	37.62				42.45	36.76	0.01
金 昌	43.99	1.00			38.00	26.24	0.19
白 银	15.18	0.35		4.01	54.85	53.61	0.18
天 水	1.59	0.20			3.61	3.21	0.06
武 威	30.45	2.29		4.76	37.27	25.18	0.17
张 掖	11.09	2.01			33.16	24.15	0.19
平 凉	13.50	0.84			44.20	41.48	0.10
酒 泉	31.14	1.14		4.36	86.41	56.57	0.23
庆 阳	0.13	0.22	1.12		12.12	9.39	0.17
定 西	2.39				9.97	7.88	0.13
陇 南	10.78	1.26			8.61	4.78	
临 夏	5.04	2.19			20.09	12.69	0.13
甘 南	6.97	1.46			11.67	5.91	0.02

水生产和供应业主要经济指标

单位：亿元

存货	产成品	负债合计	流动负债合计	应付账款	所有者权益合计	实收资本	国家资本	集体资本
19.12	**2.62**	**2342.25**	**974.26**	**232.11**	**778.05**	**757.44**	**501.06**	**10.42**
2.61		527.84	297.69	100.89	195.22	127.79	118.01	0.89
0.95		120.83	90.66	4.05	57.33	43.76	6.14	
1.22	0.71	192.36	82.41	18.70	70.34	61.92	16.23	0.70
3.25	0.06	172.87	64.06	19.47	21.42	48.00	28.23	0.22
0.18	0.03	15.98	4.12	1.19	5.35	3.31	1.51	
0.97	0.01	239.17	76.12	23.27	78.30	68.46	30.96	
2.93	1.63	117.26	40.63	8.84	60.43	38.61	24.82	0.68
3.60		131.16	55.35	14.48	-25.13	23.98	9.64	
2.22	0.10	505.25	157.98	21.91	242.95	251.60	214.38	0.58
0.11	0.04	47.13	10.96	6.54	13.12	12.39	10.92	
0.83		49.59	14.54	2.99	13.65	13.49	10.02	1.08
0.06	0.02	94.12	45.38	3.20	9.64	22.84	10.69	0.11
0.15		51.41	15.68	4.84	13.74	14.33	5.60	1.50
0.03	0.01	77.25	18.70	1.72	21.68	26.96	13.89	4.65

单位：亿元

管理费用	财务费用	利息收入	利息支出	投资收益（损失以“-”号记）	营业利润	利润总额	亏损企业亏损额	平均用工人数（万人）
15.68	**78.68**	**-0.84**	**79.04**	**0.39**	**0.28**	**12.93**	**37.88**	**7.62**
4.11	13.60	0.68	13.68		-11.88	-0.74	8.94	4.79
1.57	2.56	-2.01	4.41		1.14	1.27	0.29	0.24
0.45	7.20	0.21	6.47		2.27	1.90	3.13	0.20
1.22	5.06	0.01	4.98	0.05	-5.56	-6.15	9.45	0.46
0.37	0.33		0.32		-0.40	-0.24	0.26	0.08
0.77	7.83	-0.07	7.97	0.07	2.87	2.95	2.20	0.23
1.37	4.29	0.02	4.11		2.83	3.63	0.73	0.30
0.77	4.43	0.11	4.53	-0.01	-3.14	-3.04	3.31	0.22
1.63	21.07	0.17	20.11	0.27	7.21	7.47	5.22	0.33
0.46	1.86		1.97		0.20	0.46	1.50	0.21
0.51	2.03	0.01	1.99	0.01	-0.63	-0.18	1.24	0.13
0.55	3.01	0.01	3.09		0.18	0.19	0.37	0.08
1.74	1.95	0.01	1.93		3.24	3.42	0.51	0.26
0.17	3.49	0.01	3.49		1.96	1.97	0.74	0.10

1-B-50 按地区分组的电力、热力生产

地　区	资产总计	固定资产净　额	固定资产原　价	累计折旧	流动资产合　计	应收账款
全　省	**2985.01**	**1991.16**	**3355.10**	**1283.26**	**609.57**	**223.95**
兰　州	641.24	475.91	999.70	521.76	52.99	16.65
嘉峪关	177.06	55.36	112.10	48.04	97.00	18.27
金　昌	261.20	159.12	217.55	52.54	72.18	32.35
白　银	189.38	113.52	253.60	117.88	40.49	15.39
天　水	15.92	7.53	9.37	1.84	4.20	0.72
武　威	303.80	191.90	235.87	38.34	81.55	29.99
张　掖	175.06	95.54	179.07	64.57	42.48	14.91
平　凉	105.05	74.96	167.92	92.96	25.94	7.71
酒　泉	744.47	531.09	768.90	223.37	145.15	76.88
庆　阳	56.00	37.51	47.30	9.67	9.23	5.48
定　西	55.96	41.11	58.51	17.39	10.45	3.30
陇　南	103.77	77.62	96.69	19.07	15.40	1.06
临　夏	57.18	45.99	91.11	45.12	3.30	0.66
甘　南	98.93	84.02	117.42	30.68	9.20	0.55

1-B-50 续表

地　区	法人资本	个人资本	港澳台资本	外商资本	营业收入	营业成本	销售费用
全　省	**212.82**	**11.07**	**1.12**	**13.14**	**894.71**	**795.11**	**0.73**
兰　州	4.68				512.91	503.52	0.07
嘉峪关	37.42				40.00	34.67	
金　昌	43.99	1.00			37.66	25.97	0.06
白　银	14.78	0.30		4.01	51.11	50.68	0.06
天　水	1.59				2.81	2.67	
武　威	30.45	2.29		4.76	34.81	23.16	0.08
张　掖	11.09	2.01			31.81	23.07	0.14
平　凉	13.50	0.66			43.51	41.12	0.07
酒　泉	31.11	1.14		4.36	83.92	54.66	0.02
庆　阳	0.13		1.12		8.90	6.95	0.12
定　西	1.29				9.16	7.26	0.06
陇　南	10.78	1.26			8.61	4.78	
临　夏	5.04	0.97			17.85	10.69	0.02
甘　南	6.97	1.46			11.67	5.91	0.02

和供应业主要经济指标

单位：亿元

存货	产成品	负债合计	流动负债合计	应付账款	所有者权益合计	实收资本	国家资本	集体资本
17.96	**2.48**	**2256.69**	**925.09**	**224.07**	**728.32**	**719.49**	**470.92**	**10.42**
2.01		477.13	263.61	98.18	164.11	103.42	97.85	0.89
0.94		120.27	90.21	3.87	56.79	43.56	6.14	
1.22	0.70	192.08	82.13	18.46	69.12	60.70	15.01	0.70
3.17		171.32	62.76	19.16	18.06	46.26	26.95	0.22
0.14		12.51	3.25	1.19	3.41	3.11	1.51	
0.94	0.01	226.98	71.75	22.30	76.82	66.86	29.36	
2.92	1.63	115.21	39.69	8.61	59.85	38.02	24.24	0.68
3.59		130.66	54.84	14.35	-25.61	23.80	9.64	
2.19	0.10	503.73	156.78	21.39	240.74	249.09	211.90	0.58
0.02		44.07	8.15	4.90	11.94	11.70	10.45	
0.69		44.16	13.45	2.82	11.80	11.43	9.07	1.08
0.06	0.02	94.12	45.38	3.20	9.64	22.84	10.69	0.11
0.02		47.20	14.39	3.91	9.98	11.73	4.22	1.50
0.03	0.01	77.25	18.70	1.72	21.68	26.96	13.89	4.65

单位：亿元

管理费用	财务费用	利息收入	利息支出	投资收益（损失以“-”号记）	营业利润	利润总额	亏损企业亏损额	平均用工人数（万人）
11.42	**78.11**	**-1.40**	**78.02**	**0.46**	**-1.41**	**10.72**	**36.48**	**6.77**
1.80	13.67	0.12	13.28	0.08	-12.82	-1.57	8.24	4.40
1.49	2.56	-2.01	4.41		0.88	0.99	0.29	0.23
0.40	7.20	0.22	6.47		2.36	2.00	3.03	0.19
0.99	5.03	0.01	4.96	0.05	-5.98	-6.58	9.43	0.41
0.20	0.28		0.28		-0.37	-0.24	0.25	0.05
0.61	7.51	-0.06	7.64	0.06	3.00	2.69	2.17	0.19
1.24	4.22	0.02	4.04		2.82	3.60	0.66	0.28
0.74	4.43	0.11	4.53	-0.01	-3.41	-3.31	3.31	0.21
1.35	21.04	0.16	20.08	0.27	7.14	7.39	5.17	0.29
0.16	1.83		1.94		-0.18	0.04	1.39	0.06
0.25	1.92	0.01	1.90	0.01	-0.38	0.08	0.99	0.09
0.55	3.01	0.01	3.09		0.18	0.19	0.37	0.08
1.47	1.93	0.01	1.91		3.40	3.47	0.44	0.20
0.17	3.49	0.01	3.49		1.96	1.97	0.74	0.10

1-B-51 按地区分组的燃气生产

地区	资产总计	固定资产净额	固定资产原价	累计折旧	流动资产合计	应收账款
全省	**62.95**	**24.34**	**39.72**	**15.18**	**30.16**	**1.93**
兰州	40.05	15.41	25.76	10.35	20.96	0.10
嘉峪关	1.11	0.79	1.05	0.27	0.16	0.05
金昌						
白银	2.58	1.05	1.80	0.75	0.98	0.24
天水	2.19	1.12	1.35	0.03	0.56	
武威	2.20	0.61	0.79	0.18	1.38	
张掖	1.17	0.48	0.66	0.18	0.34	
平凉	0.99	0.44	0.58	0.14	0.33	
酒泉	2.07	0.80	1.34	0.54	1.07	0.15
庆阳	1.57	1.24	3.26	2.02	0.15	0.02
定西	2.64	1.68	1.86	0.19	0.53	
陇南						
临夏	6.38	0.71	1.27	0.55	3.70	1.38
甘南						

1-B-51 续表

地区	法人资本	个人资本	港澳台资本	外商资本	营业收入	营业成本	销售费用
全省	**1.73**	**1.95**			**44.79**	**37.64**	**1.95**
兰州		0.30			29.39	25.44	1.44
嘉峪关	0.20				2.45	2.08	0.01
金昌							
白银	0.40	0.05			3.05	2.36	0.08
天水		0.20			0.23	0.13	
武威					1.62	1.28	0.02
张掖					1.10	0.91	0.03
平凉		0.18			0.69	0.35	0.03
酒泉	0.03				2.03	1.60	0.21
庆阳					1.97	1.57	
定西	1.10				0.38	0.29	0.01
陇南							
临夏		1.22			1.88	1.63	0.11
甘南							

和供应业主要经济指标

单位：亿元

存货	产成品	负债合计	流动负债合计	应付账款	所有者权益合计	实收资本	国家资本	集体资本
1.00	**0.14**	**46.41**	**37.10**	**5.06**	**16.54**	**11.50**	**7.82**	
0.56		31.95	28.94	1.56	8.11	7.31	7.01	
		0.56	0.45	0.18	0.54	0.20		
0.06	0.06	0.99	0.94	0.22	1.59	0.45		
0.03	0.03	2.06	0.34		0.13	0.20		
0.01		1.52	1.04	0.39	0.68	0.10	0.10	
0.01		0.85	0.85	0.23	0.33	0.02	0.02	
0.02		0.51	0.51	0.14	0.48	0.18		
0.03		1.07	0.86	0.25	1.00	0.25	0.22	
0.06	0.04	1.43	1.43	1.20	0.14	0.47	0.47	
0.11		1.74	0.64	0.01	0.91	1.10		
0.11		3.75	1.11	0.87	2.64	1.22		

单位：亿元

管理费用	财务费用	利息收入	利息支出	投资收益（损失以“-”号记）	营业利润	利润总额	亏损企业亏损额	平均用工人数（万人）
2.13	**-0.31**	**0.55**	**0.21**		**3.19**	**3.03**	**0.14**	**0.37**
1.18	-0.43	0.55	0.09		1.62	1.44	0.03	0.18
0.08					0.27	0.28		0.01
0.14	0.01				0.44	0.44		0.02
0.06	0.04		0.04		-0.01	-0.01	0.01	0.01
0.04	-0.01	-0.01			0.29	0.29		0.01
0.05					0.10	0.10		0.01
0.03					0.27	0.27		
0.07	0.03		0.02		0.12	0.13		0.02
0.19	0.03		0.03		0.17	0.16		0.09
0.14		0.01			-0.07	-0.07	0.07	0.01
0.13	0.02		0.02		-0.01	-0.01	0.03	0.02

1-B-52 按地区分组的水的生产

地 区	资产总计					
		固定资产净额	固定资产原价	累计折旧	流动资产合计	
						应收账款
全 省	**72.33**	**39.61**	**72.33**	**30.92**	**15.84**	**1.02**
兰 州	41.77	24.18	43.88	19.70	6.32	0.41
嘉峪关						
金 昌	1.50	0.83	1.66	0.82	0.66	0.02
白 银	2.33	1.80	3.89	2.09	0.31	0.07
天 水	3.22		3.40	1.60	1.42	
武 威	11.48	5.68	7.80	2.12	3.58	0.04
张 掖	1.46	1.09	1.98	0.89	0.31	0.01
平 凉						
酒 泉	1.67	1.31	2.79	1.48	0.35	0.02
庆 阳	2.68	1.81	2.72	0.91	0.83	0.44
定 西	4.64	1.78	2.89	1.11	1.95	0.01
陇 南						
临 夏	1.59	1.13	1.32	0.20	0.12	0.01
甘 南						

1-B-52 续表

地 区					营业收入	营业成本	销售费用
	法人资本	个人资本	港澳台资本	外商资本			
全 省		**0.22**	**3.91**		**11.59**	**9.54**	**0.42**
兰 州			3.91		6.40	5.49	
嘉峪关							
金 昌					0.34	0.27	0.12
白 银					0.68	0.56	0.03
天 水					0.57	0.41	0.06
武 威					0.83	0.74	0.07
张 掖					0.25	0.17	0.02
平 凉							
酒 泉					0.47	0.31	
庆 阳		0.22			1.25	0.87	0.05
定 西					0.44	0.34	0.06
陇 南							
临 夏					0.37	0.37	
甘 南							

和供应业主要经济指标

单位：亿元

存货	产成品	负债合计	流动负债合计	应付账款	所有者权益合计	实收资本	国家资本	集体资本
0.17		**39.15**	**12.08**	**2.97**	**33.18**	**26.45**	**22.32**	
0.04		18.77	5.15	1.14	23.00	17.06	13.16	
		0.28	0.28	0.23	1.22	1.22	1.22	
0.02		0.56	0.36	0.08	1.77	1.28	1.28	
		1.41	0.52		1.81			
0.02		10.68	3.32	0.58	0.80	1.50	1.50	
0.01		1.20	0.09		0.26	0.56	0.56	
		0.45	0.34	0.27	1.21	2.26	2.26	
0.03		1.64	1.38	0.45	1.03	0.22		
0.02		3.70	0.46	0.16	0.94	0.96	0.96	
0.02		0.46	0.18	0.06	1.13	1.39	1.39	

单位：亿元

管理费用	财务费用	利息收入	利息支出	投资收益（损失以“−”号记）	营业利润	利润总额	亏损企业亏损额	平均用工人数（万人）
2.14	**0.88**	**0.01**	**0.81**	**-0.07**	**-1.50**	**-0.83**	**1.27**	**0.48**
1.13	0.35	0.01	0.30	-0.09	-0.68	-0.61	0.67	0.21
0.05	-0.01	-0.01			-0.10	-0.10	0.10	0.02
0.08	0.02		0.02		-0.02	-0.02	0.02	0.02
0.11					-0.02	0.01		0.02
0.12	0.33		0:33	0.01	-0.42	-0.03	0.03	0.03
0.08	0.07		0.07		-0.09	-0.07	0.07	0.01
0.21					-0.05	-0.05	0.05	0.02
0.11					0.22	0.26	0.11	0.06
0.11	0.11		0.08		-0.18	-0.18	0.18	0.04
0.14					-0.14	-0.04	0.04	0.04

第2篇

主要工业产品产量篇

2-1　2018年甘肃省工业主要产品产量

产品名称	计量单位	产品产量
铁矿石原矿	万吨	912.83
铁矿石成品矿	万吨	134.08
#铁精矿	万吨	84.92
铜金属含量	万吨	13.56
铅金属含量	万吨	4.33
锌金属含量	万吨	19.25
稀有稀土金属矿	万吨	0.23
#钨精矿折合量(折三氧化钨65%)	万吨	0.23
砂石	万吨	280.38
化学矿	万吨	6.86
#硫铁矿石(折含硫35%)	万吨	1.50
原盐	万吨	15.47
小麦粉	万吨	71.91
饲料	万吨	125.36
#配合饲料	万吨	35.84
混合饲料	万吨	43.42
宠物食品	万吨	1.08
食用植物油	万吨	1.72
#精制食用植物油	万吨	1.01
成品糖	万吨	4.98
鲜、冷藏肉	万吨	9.95
豆腐及豆制品	万吨	0.45
膨化食品	万吨	0.22
焙烤松脆食品	万吨	2.54
速冻食品	万吨	0.82
乳制品	万吨	34.09
#液体乳	万吨	32.22
固体及半固体乳制品	万吨	1.87
罐头	万吨	2.47
酱油	万吨	0.96
食醋	万吨	0.65
复合调味品	万吨	0.15
食用盐	万吨	1.10
食品添加剂	万吨	0.52
发酵酒精(折96度，商品量)	万千升	0.97
饮料酒	万千升	48.31
#白酒(折65度，商品量)	万千升	2.88
啤酒	万千升	44.55

2-1 续表 1

产品名称	计量单位	产品产量
黄酒	万千升	0.03
葡萄酒	万千升	0.84
饮料	万吨	124.63
#碳酸型饮料(汽水)	万吨	31.22
包装饮用水	万吨	36.55
卷烟	亿支	471.50
#一类烟	亿支	47.27
二类烟	亿支	190.64
三类烟	亿支	105.88
四类烟	亿支	103.72
五类烟	亿支	23.99
纱	万吨	1.67
#棉纱	万吨	1.67
毛机织物(呢绒)	万米	430.00
非织造布(无纺布)	万吨	0.06
服装	万件	1237.62
#针织服装	万件	269.57
梭织服装	万件	968.05
#羽绒服装	万件	563.00
鞋	万双	364.17
人造板	万立方米	3.25
家具	万件	3.38
机制纸及纸板(外购原纸加工除外)	万吨	4.88
卫生用纸原纸	万吨	0.70
纸制品	万吨	21.35
硫酸(折100%)	万吨	473.90
浓硝酸(折100%)	万吨	13.38
盐酸(氯化氢，含量31%)	万吨	18.49
烧碱(折100%)	万吨	30.14
#离子膜法烧碱(折100%)	万吨	30.14
碳化钙(电石，折300升/千克)	万吨	83.07
乙烯	万吨	64.39
纯苯	万吨	14.18
精甲醇	万吨	52.17
硫磺	万吨	3.51
硅	万吨	4.16
合成氨(无水氨)	万吨	34.86
农用氮、磷、钾化学肥料(折纯)	万吨	29.54
#氮肥(折含氮100%)	万吨	20.36
#尿素(折含氮100%)	万吨	14.57

2-1　续表 2

产品名称	计量单位	产品产量
磷肥(折五氧化二磷100%)	万吨	9.18
化学农药原药(折有效成分100%)	万吨	1.88
杀菌剂原药	万吨	0.14
除草剂原药	万吨	0.16
涂料	万吨	2.19
初级形态塑料	万吨	136.05
#低密度聚乙烯树脂(LDPE)	万吨	19.03
线型低密度聚乙烯树脂(LLDPE)	万吨	27.35
聚丙烯树脂	万吨	50.13
ABS树脂	万吨	0.46
聚氯乙烯树脂	万吨	22.41
合成橡胶	万吨	16.52
合成纤维单体	万吨	2.72
合成洗涤剂	万吨	0.08
化学药品原药	万吨	0.33
中成药	万吨	1.52
塑料制品	万吨	20.99
#塑料薄膜	万吨	7.53
泡沫塑料	万吨	0.09
硅酸盐水泥熟料	万吨	2731.78
#窑外分解窑水泥熟料	万吨	2621.64
水泥	万吨	3896.88
商品混凝土	万立方米	1882.92
水泥混凝土电杆	万根	10.15
水泥混凝土预制构件	万立方米	50.70
石膏板	万平方米	5523.20
瓦	亿片	0.07
瓷质砖	万平方米	568.46
陶质砖	万平方米	384.80
天然大理石建筑板材	万平方米	11.21
平板玻璃	万重量箱	535.08
钢化玻璃	万平方米	60.87
中空玻璃	万平方米	24.04
玻璃包装容器	万吨	7.46
耐火材料制品	万吨	3.85
生铁	万吨	625.11
粗钢	万吨	802.41
钢材	万吨	833.45

2-1 续表 3

产品名称	计量单位	产品产量
中小型型钢	万吨	0.83
棒材	万吨	0.94
钢筋	万吨	242.45
线材(盘条)	万吨	245.57
特厚板	万吨	1.69
厚钢板	万吨	23.65
中板	万吨	24.92
中厚宽钢带	万吨	113.14
热轧薄宽钢带	万吨	10.29
冷轧薄宽钢带	万吨	95.20
镀层板(带)	万吨	57.83
无缝钢管	万吨	0.78
焊接钢管	万吨	16.16
铁合金	万吨	97.35
#电炉硅铁(折合含硅75%)	万吨	32.47
锰硅合金(折合含锰硅量合计82%)	万吨	33.79
十种有色金属	万吨	419.86
#精炼铜(电解铜)	万吨	104.99
铅	万吨	2.77
锌	万吨	33.45
镍	万吨	13.52
原铝(电解铝)	万吨	265.01
铝合金	万吨	28.57
铜材	万吨	36.81
铝材	万吨	107.64
金属丝	万吨	1.48
钢绞线	万吨	2.49
金属紧固件	万吨	1.85
金属切削机床	台	1584.00
#数控金属切削机床	台	238.00
金属成形机床	台	196.00
#数控金属成形机床(数控锻压设备)	台	50.00
起重机	万吨	0.25
电梯、自动扶梯及升降机	万台	0.06
泵	万台	1.81
滚动轴承	亿套	0.49
风机	万台	0.07
铸铁件	万吨	0.37

2-1　续表 4

产品名称	计量单位	产品产量
铸钢件	万吨	2.15
锻件	万吨	0.73
粉末冶金零件	万吨	0.18
矿山专用设备	万吨	1.07
石油钻探、开采专用设备	台(套)	0.38
建筑工程用机械	台	36.00
#挖掘、铲土运输机械	台	36.00
#挖掘机	台	19.00
装载机	台	17.00
冶金专用设备	万吨	3.96
#金属冶炼设备	万吨	3.90
炼油、化工生产专用设备	万吨	7.89
小型拖拉机	万台	0.33
收获后处理机械	台	573.00
汽车	万辆	1.12
#基本型乘用车(轿车)	万辆	1.12
#新能源汽车	万辆	1.12
改装汽车	万辆	0.08
摩托车整车	万辆	2.83
#两轮摩托车	万辆	0.04
电动机	万千瓦	98.49
低压开关板	万面	48.88
电力电缆	万千米	9.86
光缆	万芯千米	369.26
蓄电池	万千伏安时	1523.38
碱性蓄电池	万只(自然只)	1523.38
锂离子电池	万只(自然只)	643.80
程控交换机	万线	9.02
光电子器件	亿只(片、套)	135.77
#发光二极管(LED管)	亿只	135.77
集成电路	亿块	317.70
电子元件	亿只	45.02
工业自动调节仪表与控制系统	台(套)	100.00
分析仪器及装置	台(套)	62.00
环境监测专用仪器仪表	万台	0.07
眼镜成镜	万副	2834.70
自来水生产量	亿立方米	4.53

2-2 2018年分地区工业

地　区	铁矿石原矿(万吨)	铜金属含量(万吨)	铅金属含量(万吨)	锌金属含量(万吨)	硫铁矿石(折含硫35%)(万吨)	原盐(万吨)	食用植物油(万吨)	#精制食用植物油(万吨)
全　省	**912.83**	**13.56**	**4.33**	**19.25**	**1.50**	**15.47**	**1.72**	**1.01**
兰　州								
嘉峪关								
金　昌		8.27					0.40	
白　银		2.50	0.72	1.62	1.50		0.96	0.68
天　水	11.55	0.28						
武　威						5.06		
张　掖	878.91	1.38				0.49	0.16	0.13
平　凉								
酒　泉	22.37	1.00	0.24	0.26				
庆　阳							0.20	0.20
定　西						9.91		
陇　南		0.12	3.37	17.37				
临　夏								
甘　南								

2-2 续表 1

地　区	硫酸(折100%)(万吨)	盐酸(氯化氢，含量31%)(万吨)	烧碱(折100%)(万吨)	碳化钙(电石，折300升/千克)(万吨)	乙烯(万吨)	合成氨(无水氨)(万吨)	农用氮、磷、钾化学肥料(折纯)(万吨)	#氮肥(折含氮100%)(万吨)
全　省	**473.90**	**18.49**	**30.14**	**83.07**	**64.39**	**34.86**	**29.54**	**20.35**
兰　州				49.36	64.39			
嘉峪关							0.52	0.52
金　昌	367.82	14.06	17.39	20.08		13.82	5.50	5.21
白　银	86.92	4.44	12.75	7.64			5.96	
天　水								
武　威				5.99			0.87	
张　掖							1.26	
平　凉								
酒　泉								
庆　阳								
定　西							0.86	0.05
陇　南	19.17							
临　夏						21.05	14.57	14.57
甘　南								

主要产品产量

成品糖（万吨）	乳制品（万吨）	罐头（万吨）	饮料酒（万千升）	#白酒（折65度，商品量）（万千升）	啤酒（万千升）	饮料（万吨）	卷烟（亿支）	机制纸及纸板（外购原纸加工除外）（万吨）
4.98	**34.09**	**2.47**	**48.31**	**2.88**	**44.55**	**124.63**	**471.50**	**4.88**
	22.69		31.62		31.62	85.31	471.50	
	2.77		0.17	0.03				
	0.38							
	0.49					1.40		
0.38	0.44	0.23	2.75	0.03	2.72	21.18		
1.20	0.12		10.79	0.05	10.21	10.04		
0.97	2.49	1.49	0.92	0.74		0.57		
						0.38		0.99
2.43	0.93	0.74	0.05	0.05				
	0.39					0.93		
	1.87					3.19		3.89
			1.89	1.89		0.48		
	1.07		0.12	0.09		1.14		
	0.44							

磷肥（折五氧化二磷100%）（万吨）	化学农药原药（折有效成分100%）（万吨）	初级形态塑料（万吨）	合成橡胶（万吨）	中成药（万吨）	塑料制品（万吨）	硅酸盐水泥熟料（万吨）	水泥（万吨）	平板玻璃（万重量箱）	生铁（万吨）
9.19	**1.88**	**136.05**	**16.52**	**1.52**	**20.99**	**2731.78**	**3896.88**	**535.08**	**625.11**
		106.59	16.52	0.43	4.53	616.20	782.13	535.08	203.31
					0.28	87.85	198.15		403.44
0.29		12.19			1.24	116.82	164.15		7.24
5.96		10.22			0.81	332.46	392.25		
				0.06	5.07	126.19	357.96		
0.87	0.75			0.22	1.20	97.00	111.98		
1.26	1.13			0.05	4.52	75.01	109.06		11.11
				0.04		374.26	404.88		
					0.85	118.02	248.18		
		7.05			0.58	10.58	64.66		
0.81				0.27	1.90	327.89	418.26		
				0.32		312.40	475.08		
				0.13		62.32	79.76		
						74.80	90.37		

2-2 续表 2

地　区	粗钢(万吨)	钢材(万吨)	#线材(盘条)(万吨)	中厚宽钢带(万吨)	热轧薄宽钢带(万吨)	冷轧薄宽钢带(万吨)	焊接钢管(万吨)	铁合金(万吨)	十种有色金属(万吨)
全　省	**802.41**	**833.45**	**245.57**	**113.14**	**10.29**	**95.20**	**16.16**	**97.35**	**419.86**
兰　州	319.40	340.11	198.22				13.32	30.52	89.49
嘉峪关	483.01	482.59	47.35	113.14	10.29	95.20	2.24	23.20	162.26
金　昌									101.61
白　银								12.60	42.84
天　水		0.78							
武　威		9.97					0.61	4.99	
张　掖								18.04	
平　凉								0.73	
酒　泉									
庆　阳									
定　西									11.38
陇　南								7.27	12.29
临　夏									
甘　南									

					汽车(万辆)	摩托车整车(万辆)	程控交换机(万线)	集成电路(亿块)
#精炼铜(电解铜)(万吨)	铅(万吨)	锌(万吨)	镍(万吨)	原铝(电解铝)(万吨)				
104.99	**2.77**	**33.45**	**13.52**	**265.01**	**1.12**	**2.83**	**9.02**	**317.70**
				89.49	1.12		9.02	
				162.26				
88.09			13.52					
16.91	2.77	21.16		2.00				
								317.70
						2.83		
				11.26				
		12.29						

2-3　2018年甘肃省规模以上工业主要产品生产能力

产品名称	计量单位	2018年
天然原油	万吨	59.00
卷烟	亿支	789.75
原油加工能力	万吨	1670.00
焦炭	万吨	727.50
烧碱	万吨	54.00
碳化钙(电石，折300升/千克)	万吨	156.00
农用氮、磷、钾化学肥料总计(折纯)	万吨	43.91
初级形态塑料	万吨	160.36
化学纤维	万吨	0.07
水泥	万吨	6052.00
平板玻璃	万重量箱	600.00
粗钢	万吨	1160.00
钢材	万吨	1226.00
原铝(电解铝)	万吨	312.80
金属切削机床	万台	0.50
发电设备容量总计	万千瓦	4373.79
#火电设备容量	万千瓦	1854.46
水电设备容量	万千瓦	703.46
风电设备容量	万千瓦	1280.21

2-4　2018年全省主要能源产品产量

产品名称	计量单位	产品产量
原煤	万吨	3629.64
原油	万吨	51.76
天然气	亿立方米	1.03
原油加工量	万吨	1440.03
汽油	万吨	418.93
煤油	万吨	112.32
柴油	万吨	531.39
燃料油	万吨	3.91
石脑油	万吨	2.78
液化石油气	万吨	32.82
石油焦	万吨	41.58
焦炭	万吨	383.57
发电量	亿千瓦小时	1539.08
火力发电量	亿千瓦小时	803.44
水力发电量	亿千瓦小时	411.37
风力发电量	亿千瓦小时	232.26
太阳能发电量	亿千瓦小时	92.01
煤气	亿立方米	121.52

注：1.调查范围为全部有能源生产的法人单位。
　　2.原油、天然气产量不含中国石油天然气股份有限公司长庆油田陇东油气开发分公司。

附　录

主要指标解释

主要指标解释

资产总计　指企业过去的交易或者事项形成的、由企业拥有或者控制的、预期会给企业带来经济利益的资源。资产一般按流动性（资产的变现或耗用时间长短）分为流动资产和非流动资产。其中流动资产可分为货币资金、交易性金融资产、应收票据、应收账款、预付款项、其他应收款、存货等；非流动资产可分为长期股权投资、固定资产、无形资产及其他非流动资产等。根据会计“资产负债表”中“资产总计”项目的期末余额数填报。包括企业拥有的土地、办公楼、厂房、机器、运输工具、存货等实物资产和现金、存款、应收账款和预付账款等金融资产。

流动资产合计　资产满足以下条件之一应归为流动资产:（1）预计在一个正常营业周期中变现、出售或耗用，主要包括存货、应收账款等;（2）主要为交易目的而持有;（3）预计在资产负债表日起一年内（含一年）变现;（4）自资产负债日起一年内，交换其他资产或清偿负债的能力不受限制的现金或现金等价物。包括货币资金、应收票据、应收账款、存货等项目。根据会计“资产负债表”中“流动资产合计”项目的期末余额数填报。

应收账款　指企业因销售商品、提供劳务等经营活动所形成的债权，包括应向客户收取的货款、增值税款和为客户代垫的运杂费等。根据会计“资产负债表”中“应收账款”项目的期末余额数填报。

存货　指企业在日常活动中持有以备出售的产成品或商品、处在生产过程中的在产品、在生产过程或提供劳务过程中耗用的材料或物料等，通常包括原材料、在产品、半成品、产成品、商品以及周转材料等。根据会计“资产负债表”中“存货”项目的期末余额数填报。其中:“年初存货”根据会计“资产负债表”中“存货”项目的年初余额数填报。注意:“存货”具有实物形态，不属于无形资产，由于企业持有存货的最终目的是为了出售，所以房地产开发企业（单位）购置的土地、尚未销售的商品房等均计入“存货”。

产成品　指企业已经完成全部生产过程并验收入库，可以按照合同规定的条件送交订货单位，或者可以作为商品对外销售的产品。根据会计“产成品”科目的借方余额填报。

固定资产原价　指固定资产的成本，包括企业在购置、自行建造、安装、改建、扩建、技术改造某项固定资产时所发生的全部支出总额。根据会计“固定资产”科目的期末借方余额填报。

累计折旧　指企业在报告期末提取的历年固定资产折旧累计数。根据会计“累计折旧”科目的期末贷方余额填报。

固定资产净额　指固定资产原价减去累计折旧、固定资产减值准备后的金额。当会计“资产负债表”列示“固定资产净额”项目时，根据“固定资产净额”项目的期末余额数填报；当会计“资产负债表”列示“固定资产”项目，且含义及核算范围与本指标解释一致时，根据“固定资产”项目的期末余额数填报；其他情况，根据会计“固定资产”科目的期末余额，减去“累计折旧”和“固定资产减值准备”科目的期末余额后的金额填报。

负债合计　指企业过去的交易或者事项形成的，预期会导致经济利益流出企业的现时义务。负债一般按偿还期长短分为流动负债和非流动负债。根据会计资产负债表中“负债合计”项目的期末余额数填报。包括银行贷款、借款、应付账款、应付职工工资、应付职工福利费、应交税金等企业负有偿还责任的债务。

执行企业会计准则或《小企业会计准则》的企业: 负债合计=流动负债合计+非流动负债合计; 执行其他企业会计制度的企业负债包括流动负债和长期负债。

流动负债合计　负债满足下列条件之一的应归为流动负债:（1）预计在一个正常营业周期中清偿;（2）主要为交易目的而持有;（3）自资产负债表日起一年内到期应予清偿;（4）企业无权自主地将清偿推迟至资产负债表日后一年以上。包括短期借款、应付票据、应付账款、应付职工薪酬、应交税费等项目。根据会计资产负债表中“流动负债合计”项目的期末余额数填报。

应付账款　指企业因购买材料、商品和接受劳务供应等经营活动应支付的款项。根据会计资产负债表中“应付账款”项目的期末余额数填报。

所有者权益合计　指企业资产扣除负债后由所有者享有的剩余权益。公司的所有者权益又称股东权益。包括实收资本、资本公积、盈余公积、未分配利润等。根据会计资产负债表中“所有者权益合计”项目的期末余额数填报。

实收资本　指企业各投资者实际投入的资本（或股本）总额，包括货币、实物、无形资产等各种形式的投入。实收资本按投资主体可分为国家资本、集体资本、法人资本、个人资本、港澳台资本和外商资本。根据会计资产负债表中“所有者权益”项下“实收资本”的期末余额数填报。

国家资本　指有权代表国家投资的政府部门或机构、直属事业单位对企业形成的资本金。根据会计“实收资本”科目计算填报。

集体资本　指由本企业职工等自然人集体投资或各种机构对企业进行扶持形成的集体性质的资本金。根据会计“实收资本”科目计算填报。

法人资本　指其他法人单位以其依法可支配的资产投入企业形成的资本金。根据会计“实收资本”科目计算填报。

个人资本 指自然人实际投入企业的资本金。根据会计“实收资本”科目计算填报。

港澳台资本 指我国香港、澳门和台湾地区投资者实际投入企业的资本金。根据会计“实收资本”科目计算填报。

外商资本 指外国投资者实际投入企业的资本金。根据会计“实收资本”科目计算填报。

营业收入 指企业经营主要业务和其他业务所确认的收入总额。营业收入包括“主营业务收入”和“其他业务收入”。根据会计“利润表”中“营业收入”项目的本年累计数填报。

营业成本 指企业经营主要业务和其他业务所发生的成本总额。包括企业（单位）在报告期内从事销售商品、提供劳务等日常活动发生的各种耗费。包括“主营业务成本”和“其他业务成本”。根据会计“利润表”中“营业成本”项目的本年累计数填报。

销售费用 指企业在销售商品和材料、提供劳务的过程中发生的各种费用，包括保险费、包装费、展览费和广告费、商品维修费、预计产品质量保证损失、运输费、装卸费等以及为销售本企业商品而专设的销售机构（含销售网点、售后服务网点等）的职工薪酬、业务费、折旧费等经营费用。建筑业企业销售费用指企业从事施工生产活动过程中发生的各项费用，包括应由企业负担的运输费、装卸费、包装费、保险费、维修费、展览费、差旅费、广告费和其他经费。房地产企业销售费用指企业在从事主要经营业务过程中所发生的各项销售费用，包括转让、销售、结算和出租开发产品等。执行企业会计准则或《小企业会计准则》的企业,根据会计“利润表”中“销售费用”项目的本年累计数填报。执行其他企业会计制度的企业，根据会计“利润表”中“营业费用（或经营费用）”项目的本年累计数填报。

管理费用 指企业为组织和管理企业生产经营所发生的费用，包括企业在筹建期间内发生的开办费、董事会和行政管理部门在企业经营管理中发生的，或者应当由企业统一负担的公司经费等。根据会计“利润表”中“管理费用”项目的本年累计数填报。执行财政部《关于修订印发 2018 年度一般企业财务报表格式的通知》（财会〔2018〕15 号）的企业，应把研发费用项目的本年累计数归并到管理费用项目中填报。

财务费用 指企业为筹集生产经营所需资金等而发生的筹资费用，包括企业生产经营期间发生的利息支出（减利息收入）、汇兑损失（减汇兑收益）以及相关的手续费等。根据会计“利润表”中“财务费用”项目的本年累计数填报。

利息收入 指非金融企业存款业务所确认的利息金额。根据企业“财务费用明细账”中“财务费用——利息收入”科目的本期发生额填报。如果未设置该科目，填“0”。

利息支出 指企业短期借款利息、长期借款利息、应付票据利息、票据贴现利息、应付债券利息、长期应付引进国外设备款利息等利息支出。根据企业“财务费用明细账”中“财务费用——利息支出”科目的本期发生额填报。如果企业没有单独设立“利息收入”科目，应填报利息支出减去银行存款等的利息收入后的净额。

投资收益 指企业确认的投资收益或投资损失，反映企业以各种方式对外投资所取得的收益。根据会计“利润表”中“投资收益”项目的本年累计数填报。如为投资损失以“-”号记。

营业利润 指企业从事生产经营活动所取得的利润。执行企业会计准则或《小企业会计准则》的企业，营业利润为营业收入减去营业成本、税金及附加、销售费用、管理费用、财务费用、资产减值损失，再加上公允价值变动收益、投资收益和其他收益后的金额，根据会计“利润表”中“营业利润”项目的本年累计数填报；执行其他企业会计制度的企业，营业利润为营业收入减去营业成本、税金及附加、销售费用、管理费用、财务费用，再加上投资收益后的金额，根据会计“损益表”中“营业利润”项目、“投资收益”项目的本年累计数之和填报。

利润总额 指企业在一定会计期间的经营成果，是生产经营过程中各种收入扣除各种耗费后的盈余，反映企业在报告期内实现的盈亏总额。利润总额为营业利润加上营业外收入，减去营业外支出后的金额，根据会计“利润表”中“利润总额”项目的本年累计数填报。

平均用工人数 指报告期企业平均实际拥有的、参与本企业生产经营活动的人员数。

原煤 指煤矿生产的、经过验收符合质量标准的原煤。即：从毛煤中选出规定粒度的矸石（包括黄铁矿等杂物）并且绝对干燥灰分在 40%以下的原煤。绝对干燥灰分虽在 40%以上，但经有关部门批准开采，并有消费需求的劣质煤，亦应计入原煤产量。原煤分为无烟煤、烟煤、褐煤，在烟煤中又分为炼焦烟煤和一般烟煤两种。原煤不包括石煤、泥煤（泥炭）和伴随原煤生产过程而采出的煤矸石。

原油 指各种碳氢化合物的复杂混合物，通常呈暗褐色或者黑色液态，少数呈黄色、淡红色、淡褐色。包括自油井开采的原油；因事故、自然灾害以及探井、未交采油单位或未具备生产条件的井中产生的落地油（产量按已销售、利用、回收的量计算）；油（气）井井口直接回收和经处理装置回收的凝析油等。

天然气 指以气态碳氢化合物为主的各种气体的混合物，由有机物质经生物化学作用分解而成，或与石油共存于岩石的裂缝和空洞中，或以溶解状态存在于地下水中；主要成分为甲烷（约占 85%-95%），还有乙烷、丙烷、丁烷等，是一种优质燃料和化工原料。天然气分为常规天然气和非常规天然气，常规天然气包括气田天然气、油田天然气（分为油田气层气、油田伴生溶解气），非常规天然气包括煤层气、页岩气、致密砂岩气等。天然气产量是指进入集输管网和就地利用的全部气量。

液化天然气 指液体状态的天然气，由气态天然气在一定温度和压力条件下液化而成，无毒、无色、无味，在-161℃下的密度约为 425 千克/立方米。天然气在常温、常压状态为气态，占有的体积大，不利于储存，液化后体积只有气态的 1/600 左右。天然气的主要成分——甲烷的临界温度为

-82℃，故在常温下不可能通过压缩而将其液化。而当将甲烷冷却到-161℃以下时，在常压下即转化为液体，即液化天然气（LNG）。

原油加工量 指直接进入蒸馏装置及二次加工装置加工的原油量。该指标是衡量炼化企业生产规模、能力的一项基础指标，也是炼化企业计算各项技术经济指标的重要依据。因此，原油加工量作为一个特殊的指标在产品产量中统计。

汽油 指直馏汽油和二次加工（如催化裂化、加氢裂化，催化重整和经精制的热裂化、焦化等）汽油，按不同比例调和，加入适量抗氧防胶剂及金属钝化剂，必要时加入适量的抗爆剂（如加入抗爆剂还要加入着色剂）而制成。本品为易燃、易挥发液体，具有良好的抗爆性能和燃烧性能，其蒸发性好，燃烧完全，积炭少，对发动机部件及储油容器无腐蚀性，由于加有抗氧剂，产品具有较好的安定性，不易过早氧化。包括航空汽油和车用汽油。

煤油 是一种精制的燃料，挥发度在车用汽油和轻柴油之间，不含诸如粗柴油、润滑油之类的重碳氢化合物。包括灯用煤油、航空煤油。

柴油 指直馏柴油和经过精制的二次加工（如催化裂化、加氢裂化、热裂化、加氢精制的焦化的柴油等），以不同比例调和而成的成品油。柴油分为轻柴油、重柴油。

燃料油 包括船用燃料油、重油或其他燃料油。燃料油分为商品燃料油和自用燃料油。商品燃料油指企业作为商品销售的燃料油；自用燃料油指本企业用作燃料和化肥、化工原料的自用油。

石脑油 属一部分石油轻馏分的泛称；用途不同，各种馏程亦不同。馏程自初馏点至220℃左右，主要用作重整和化工原料；70-145℃馏分，称轻石脑油，生产芳烃的重整原料；70-180℃馏分，称重石脑油，用作生产高辛烷值汽油。用作溶剂时，称作溶剂石脑油；来自煤焦油的芳香族溶剂油也称作重石脑油或溶剂石脑油。

液化石油气 亦称液化气或压缩汽油，是炼油精制过程中产生并回收的气体在常温下经加压而成的液态产品。主要成分是丙烷、丁烷、丙烯、丁烯，主要用作石油化工原料，脱硫后可直接用作燃料。

石油焦 指以原油经常减压装置蒸馏所得的渣油或以重油为原料，经焦化装置生产。产品按用途分为三个牌号，每个牌号按质量分为A、B两类，牌号有1#A、1#B、2#A、2#B、3#A、3#B石油焦等。主要用于制造石墨电极、碳素、碳化硅、碳化钙等产品的原料，也可直接用于冶炼、铸煅工艺作燃料。

石油沥青 指由原油经常减压装置蒸馏直接获得的渣油制品，也可以用减压渣油为原料经氧化，溶剂脱出的沥青再经适度氧化或调合而成。是来自原油中的最重的组分，是高度缩合的多环烃类混合物，具有良好的粘结性、绝缘性、不渗水性，并能抵抗许多化学药物的侵蚀，广泛用于道路工程、建筑工程、水利工程、防护涂料以及保持水土、改良土壤等领域。沥青按用途可分为普通沥青、道路沥青、建筑沥青、专用沥青，其中以道路沥青的用量最大。

焦炭 指将各种经过洗选的煤炭按一定比例配合后，在隔绝空气的高温炭化室内经过热解、缩聚、固化、收缩等复杂的物理化学过程形成的固体燃料，呈黑灰色块状、有光泽，燃烧时烟气少，具有不粘结、不结块、低硫、低灰、坚硬、耐磨、耐压、富于气孔性等特点，主要用于冶金、化工、铸造等工艺的燃料和原料。它包括各种生产方式生产的焦炭，即包括机械化焦炉、简易焦炉、土焦炉、煤气发生炉等装置生产的所有焦炭和半焦炭。

发电量 指电厂（发电机组）在报告期内生产的电能量。它是发电机组经过对一次能源的加工转换而生产出的有功电能数量，即发电机实际发出的有功功率（千瓦）与发电机实际运行时间的乘积。发电量包括全部电力工业企业、自备电厂的产量。新装发电设备在未正式投入生产以前所发的电量以及发电设备大修或改进后试运转期间所发的电量，凡被本厂或用户利用的，均应计入发电量中，未被利用的，则不应计入。发电量中不包括电动的交直流变换、励磁机和周波变换的电量。

火力发电 指利用煤炭、燃油、燃气、生物质等燃料燃烧时产生的热能，通过火电动力装置转换成电能的发电方式，包括燃煤发电，燃气发电，燃油发电，余热、余压、余气发电，生物质发电等。

水力发电 指利用水位落差，配合水轮发电机产生电力的一种发电方式，也就是利用水的势能转为水轮机的机械能，再以机械能推动发电机产生电能，包括抽水蓄能发电。

核能发电 指利用原子反应堆中核燃料(例如铀)缓慢裂变所释放的热能产生蒸汽驱动汽轮机再带动发电机发电的一种发电方式。

风力发电 指把风的动能转变成机械动能，再把机械能转化为电力动能的发电方式。

太阳能发电 指先将太阳光或能转化为热能，再将热能转化成电能或者直接将太阳能转换成电能的发电方式，主要包括太阳能光伏发电和太阳能光热发电。

煤气 指煤、焦炭、半焦等固体燃料与燃料油等液体燃料干馏或气化所产生的可燃气体。包括焦炉煤气、高炉煤气、发生炉煤气和油煤气等。